论波兰的治国之道及波兰政府的改革方略

〔法〕卢梭 著

李平沤 译

商务印书馆
The Commercial Press

2014年·北京

Jean-Jacques Rousseau
**CONSIDÉRATIONS
SUR LE GOUVERNEMENT
DE POLOGNE
ET SUR SA RÉFORMATION PROJETÉE**
Paris Flammarion 1990
根据巴黎弗拉玛尼翁出版社 1990 年版译出

Jean-Jacques Rousseau

卢梭像

Considérations sur le gouvernement de Pologne.
Copie manuscrite anonyme.
Musée Jean-Jacques Rousseau, Montmorency.

《论波兰的治国之道》手抄本第1页

（手抄者不详）

法国蒙莫朗西市卢梭博物馆藏

译者前言

卢梭的政治著述甚多,但他为某一特定国家的人民撰写的作品只有三部:1764年为日内瓦人民写的《山中来信》和1765年为科西嘉人民写的《科西嘉制宪意见书》及1770年为波兰人民写的这本《论波兰的治国之道》。

《论波兰的治国之道》是应波兰韦洛尔斯基伯爵的请求而写的。这位波兰贵族为什么要远赴巴黎请卢梭为波兰的国家政治改革提供建议?要回答这个问题,就要从波兰国内的政治局势说起。

一、国势衰微

在18世纪,由北部的大波兰、南部的小波兰及东北部的立陶宛大公爵领地组成的波兰,是一个信奉天主教的国家;居民分三个等级:贵族、有产者和农民。

在人口总数中,贵族只占百分之五左右;从理论和法律上说,所有的贵族都是平等的,都享有贵族的特权,但在经济上却极不平等,大部分中小贵族的窘迫境遇和一般的平民差不多,只有少数几个大家族拥有大量的土地,并占有可以终身任职的政府高级职位,如国会代表、参议院议员和各省省长,而占人口最大多数的农民，实际上全是农奴，没有人身自由，他们一生的命运如何，全由他们的主人决定。

这个国家，由一个国会和一个参议院与一个由选举产生的国王统治。表面上，国家的最高权威——立法权掌握在国会手里，但国会的代表全都来自由贵族组成的骑士团，所以实际上是掌握在骑士团手里。每一位国会代表都享有"自由否决权"，国会的一切议案和决定，无论有多少人赞成通过，只要有一位代表不赞成，就可以由他一票否决；由于滥用自由否决权，因而使国会的代表大会往往陷于瘫痪，开会几十天，一事无成。

为了纠正这一弊病，波兰人民可以行使一项表达诉求的权利，即建立"联盟"，提出抗议。只要一个地方建立了联盟，则该地行政部门的权力即告终止，转由联盟行使。同滥用自由否决权的弊病一样，联盟的建立也愈来愈泛滥；它们彼此之间不仅不协调，反而互相倾轧，时有摩擦，不断打"内战"。

从以上简短的叙述可以看出，18世纪波兰的政治体制存在着许多矛盾：它既是一个王国，同时又是一个共和国。说它是"王国"，因为它有一位国王；说它是"共和国"，因为它的一切行动全都按法律进行，[1]而且，正是因为它按法律进行，所以造成了波兰

---

[1] 在卢梭的用语里，"凡是按法律治理的国家，不论它的政府是什么形式的政府，我都称它为'共和国'。"对于这一点，他加了一个脚注："我认为这个词的意思不仅仅是指贵族制或民主制，而且还普遍指一切按公意即法律治理的政府。……这样，君主制本身也是共和制。"（卢梭：《社会契约论》，李平沤译，卷2，第6章，《论法律》，商务印书馆2012年版，第43页）

的无政府状态。这一点,律里耶尔①有一个很精辟的评论。他说:"正是由于波兰人对自由的热爱,反而逐渐使他们的政府产生了最奇怪的混乱状态。只要有一个人表示反对,就足以使这个共和国的国会寸步难行。一百多年来,单独一个人在某件事情上表示反对而破坏国会整个议事日程的事例不胜枚举。如此荒谬地理解平等观念,结果使波兰产生了祸患无穷的无政府状态。"②

二、强邻侵凌

波兰王国的周边是俄国、普鲁士和奥地利三个穷兵黩武的军事强国。从地缘政治来说,这就预示着波兰必然是凶多吉少,若国内泰平,诸事祥和,尚可平安无事,反之,稍有一点风吹草动,就会使虎视眈眈的三大强邻找到借口,进行干预。很显然,他们干预的目的,不是为了波兰的和平和波兰人民的自由,而是为了从中捞取好处。

1733年爆发的波兰王位继承战争,改变了波兰的历史进程和民族命运。

波兰国王奥古斯特二世1733年逝世后,波兰国会选举斯坦尼斯拉斯·勒辛斯基为波兰国王,这引起了几个大家族的不满,他们请俄国进行干预,支持奥古斯特二世的儿子萨克森选侯为波

---

① 律里耶尔:法国驻圣彼得堡使馆秘书,在俄工作多年,对俄国与波兰的国情及两国的关系有很深入的观察与评述。
② 律里耶尔:《波兰的无政府状态和这个共和国被瓜分的历史》,巴黎,1807年,卷1,第45页。

兰国王。于是俄国进兵波兰，迫使国会宣布奥古斯特三世为波兰国王。由于俄国的出兵干预，这场为争夺王位的内战发展成了支持斯坦尼斯拉斯·勒辛斯基的法国、西班牙和撒丁王国为一方与支持奥古斯特三世的俄国、萨克森和奥地利为另一方的国际战争。战争的结果，斯坦尼斯拉斯·勒辛斯基于1738年宣布退位，而登上王位的奥古斯特三世完全处于依附俄国的地位。1763年奥古斯特三世逝世，俄国在普鲁士的支持下，强迫波兰国会选举斯坦尼斯拉斯-奥古斯特·波尼亚托斯基为波兰国王。俄普两国深知，要保持对波兰的控制，就必须助长波兰国内的混乱局面。它们挑动信奉东正教的贵族起来闹事。在波兰，信奉东正教的人是少数；按照波兰法律的规定，信奉东正教的波兰人可以有自己的敬拜仪式和宗教信条，但不能担任政府的高级职务。在俄国人的怂恿下，波兰东正教教徒于1767年在斯卢奇克和托伦组成联盟，发动武装暴乱，俄国女皇叶卡捷琳娜二世派了四千俄国士兵进入波兰，支持这两个联盟。1768年2月，反对俄国干涉的波兰贵族在巴尔组成联盟，与俄国支持的斯卢奇克和托伦联盟对抗，并派韦洛尔斯基为代表，到巴黎寻求法国政府的支持。1770年6月，韦洛尔斯基拜会了卢梭，请卢梭为波兰的政治改革提供建议，卢梭欣然应允，开始为波兰人民撰写《论波兰的治国之道》

三、力图复兴

《论波兰的治国之道》是针对18世纪波兰王国的国情而作。我们从前面两段的叙述就可看出，由波兰政治体制的弊病产生的混乱和无政府状态,已经使波兰濒临崩溃的境地。面对这样一个严峻的政治局势,卢梭认为,当务之急是首先使波兰有一个和平与安定的社会环境,而不能贸然采取过于强烈的改革措施,不能一下子就全盘推翻旧有的制度,以免引起难以控制的大动荡,使国家陷于覆亡。

以国王的存废问题为例,他不仅不主张立即罢黜国王,反而让国王继续留在王位,只对选举国王的办法提出了表面上看来是程序上的变动,但实际上是在人选的范围上做了实质性的更改。

对于困扰了波兰政局一百多年的自由否决权的滥用,他也不主张立即取消这个权利,因为,若立即取消,就必然会引起国会代表的不满,因此,他只是在自由否决权的使用方法上略加变通,使今后无论何人行使这个权利都必须慎加考虑,若使用不当,出于私心,就有使自己遭到身败名裂之虞:人人望而生畏,谁敢滥用?

波兰的农奴制已经存在了几百年,对于占全国人口最大多数的农奴,他也不主张立即全部解放,以免引起农奴主的对抗。他的办法是:先在一个村里有条件地解放几户农奴,等条件成熟再解放全村,再进而解放一个县、一个省,最后解放全国的农奴。

卢梭深知,对于诸如此类体制上的弊端的改革是治标,而不是治本;治标容易,治本难;国之本在民。要振兴波兰,必须树立波兰人民的民族自信心和爱国主义精神。政治意味着教育:"人们的精神之具有民族特性,是教育培养出来的。"[①]书中专门有一段谈教育(第四段),从孩子诞生之时起,就开始教育他热爱祖国。

---

① 本书第22页。

培养今天的孩子,就是培养明天的公民。他在全书的结束语中建议波兰"以韦洛尔斯基伯爵先生为国奔波的精神为楷模,在波兰培养许许多多像他那样的公民。"[①]把波兰人民全都培养成公民,波兰的复兴大业就有希望了。[②] 写到这里,想起了卢梭在他的《政治经济学》中所说的如下一段话:

> 祖国没有自由,祖国就不能继续存在;有自由而无道德,自由就不能继续保持;有道德而无公民,道德就将荡然无存。因此,如果你把人们都培养成公民,那你就一切全都有了。[③]

短短几十个字,把一个国家的兴亡和社会风尚的树立与教育人民的关系,阐述得十分清楚,今天读之,亦有很大的现实意义。

李平沤

2013 年 6 月于北京

对外经济贸易大学

[①] 本书第 120—121 页。

[②] 在 1770 年卢梭应韦洛尔斯基伯爵的请求开始写《论波兰的治国之道》时,波兰的局势尚属乐观,但终因实力悬殊,巴尔联盟于 1771 年打了几次大败仗,到是年秋季,已完全失去挽回战局的可能,次年——1772 年,波兰被俄国、普鲁士和奥地利瓜分,1793 年再次被瓜分,1795 年第三次被瓜分。自此以后,波兰王国便从欧洲地图上消失。这段令人悲怆的故事,不属本文详述的范围,留待史家去评说。

[③] 见《卢梭全集》,李平沤译,商务印书馆 2012 年版,第 5 卷,第 233 页。

#　目　录

一、当前的问题 …………………………………………（ 1 ）

二、古人的立国精神 ……………………………………（ 6 ）

三、如何入手 ……………………………………………（ 12 ）

四、教育 …………………………………………………（ 22 ）

五、一大病根 ……………………………………………（ 28 ）

六、三个级别的问题 ……………………………………（ 30 ）

七、维护体制的方法 ……………………………………（ 34 ）

八、论国王 ………………………………………………（ 53 ）

九、使国家陷入无政府状态的几大原因 ………………（ 60 ）

十、行政 …………………………………………………（ 68 ）

十一、财政 ………………………………………………（ 72 ）

十二、军队的组建 ………………………………………（ 85 ）

十三、实行政府的一切成员都逐级升迁的方法 ………（ 95 ）

十四、如何选举国王 ……………………………………（105）

十五、结束语 ……………………………………………（114）

卢梭简明年谱和波兰大事记 …………………………（122）

卢梭简明年谱 …………………………………………（122）

波兰大事记 ……………………………………………（126）

后记 ………………………………………………………（128）

一、[1]当前的问题

韦洛尔斯基伯爵先生对波兰政府的当前状况的描述以及他附带提出的一些个人见解,使每一个愿为这一政府制定一个改弦更改的改革方案的人都深受启发。我认为,没有任何一个人比他本人更适合于制定这一方案,因为,他不仅有这一工作所要求的广泛知识,而且还对这个国家的政治状况和种种特殊的情形有充分的了解。他所了解的情形,是用文字难以叙述的,但却是为了使一种制度适合于该国的人民而必须知道的(因为我们就是为他们制定该制度的)。如果不彻底了解那个你为之制定一个方案的民族,你写出来的东西,无论它本身是多么好,但一照着实施,就一定会出差错,尤其是拿到一个已经有一套制度的民族去实施,就会更加错得一团糟的,因为它的风俗、偏见和积习都已经深深扎下了根,所以很难用新的苗木去取代它们。适合于波兰的良好制度,只能由波兰人自己去制定,或者由某一个曾经在该国国内认真研究过该国和其邻国的人来制定;一个外国人只能提出一些泛泛的意见,只能供他们参考,而不能当作非照着办不可的指南。我的知识有限,即使用尽我的全部精力,我

---

[1] 原标题无序号;序号是第 1 版编者所加。——译者

也很难承担这个涉及许多重大问题的任务;今天要我写出一个包括各方面问题的材料,实不可能,因此,为了遵照韦洛尔斯基伯爵的嘱托,并表明我对他的国家的一片热忱,我只能就我读了他给我的文件和听了他向我提出的一些要求后,向他陈述我的几点初浅的看法。

在阅读有关波兰政治制度的历史文献的过程中,我一直不明白一个体制如此奇怪的国家怎么会存在那么久。这个由许多已经死亡的器官和少数互不关联的肢体构成的庞大躯体,其一切行动几乎都是彼此独立,各自为政的,不仅没有一个共同的目标,而且还互相倾轧;成天忙忙碌碌,但却一事无成;没有力量抵抗任何一个想侵犯它的人。不仅如此,更有甚者:它每个世纪都要分崩离析,瓦解五六次,即使想做点什么事或者想改进点什么工作,但每一次都以无功而草草收场;奇怪的是:尽管如此,它却照样活着,生活得蛮好。我觉得,这的确是一个使爱动脑筋思考的人感到吃惊的怪现象之一。我发现欧洲各国都在走向衰亡,所有那些十分兴旺的君主国及共和国,所有那些构建得十分美好的政府,都在日趋败落,即将毁灭,[①]可是波兰,尽管人口逐渐减少,田园荒芜,屡遭其他国家的侵凌,然而,在灾难深重和乱象

[①] 这段话,卢梭在《爱弥儿》第3卷中早就讲过,他说:"你想依赖现时的社会秩序,而不知道这个秩序是不可避免地要遭到革命的,……危机和革命的时代已经来临。"他对这个话还加了这样一个"脚注":"我认为,欧洲的几个大君主国家是不可能再长久持续下去的;它们都曾经兴盛过一个时期,盛极以后就要开始衰败的。"(卢梭:《爱弥儿》,李平沤译,商务印书馆2012年版,第260页)——译者

丛生的环境中却依然保持着青春的活力,好像刚刚才诞生似的,敢于提出要组建一个新的政府和制定新的法律。它目前虽身戴枷锁,但却天天在谈论什么保持自由的方法!认为自己具有任何暴政都不能使之屈服的力量。我觉得它好像那个遭到围困的罗马,尽管乱军已在它的土地上安营扎寨,但它却依然悠闲地统治着它的人民。勇敢的波兰人啊,要当心,千万要当心,切莫把事情想得太好,反而把事情搞得更糟。在思考你们想得到的东西时,不要忘记你们很可能失去的东西。如果可能的话,最好是对你们制度中的弊病进行纠正,而不要抛弃这个使你们成为现在这个样子的制度。

你们热爱自由,你们也配享自由。为了保持自由,你们曾经对一个强大的和诡计多端的侵略者[①]进行了斗争;这个狡黠的侵略者口口声声说是与你们缔结友谊,但实际上是在给你们套上奴隶的枷锁。现在,你们对国家的混乱局面感到厌倦,渴望安宁。我深深相信:要得到安宁,那是很容易的,然而,既要保有自由又想得到安宁,要想两者兼而有之,那就困难了。你们须知,正是在你们感到乱象丛生的环境里,培育了使你们不受他人奴役的爱国人士,尽管他们曾一度陷于沉睡,但暴风雨已将他们唤醒,然而,不幸的是,在打破他人强加在他们身上的枷锁之后,他们对世事感到厌倦了。他们试图把专制的安宁与自由的温情结合起来,我很担心他们追求的这两种东西是互相矛盾的。我觉得,安宁与自

---

① 指俄国女皇叶卡捷琳娜二世(1729—1796)。——译者

由是互不相容的①,你们只能在这两者当中选取其一。②

我这个话的意思,并不是说让事情就这样永远存在下去,而是说你们应当极其谨慎地对待它们。目前,你们对它们的弊病的关注,比对它们的好处的关注更有过之。我相信,你们进一步感到它们好处的时刻终将到来,但令人惋惜的是,也许是在你们已经失去它们的时候,你们才开始有所觉察。

要想制定好的法律,那是很容易的,但要制定人们无法随心所欲地滥用的法律,那是不可能的,例如:早先的那些法律就被人滥用了。要想对未来的种种弊端都有所预见和防范,这对任何一个最有历练的政治家来说,都是一件不可能做到的事情。把法律置于任何人之上,这在政治学上是一个我将它比作几何学上的化

---

① 卢梭在《社会契约论》第3卷第4章《论民主制》中说:"没有任何一种政府是像民主制政府或人民的政府这样容易发生内战和内乱的了。……在这种体制下,公民们尤其应当以勇气和力量来武装自己,在他们一生中天天都要在心里牢牢记住一位德高望重的侯爵在波兰议会所说的这句话:'我甘冒危险也要自由,绝不愿为了安宁而受奴役。'"(卢梭:《社会契约论》,李平沤译,商务印书馆2012年版,第75—76页)——译者

② 读到这里,令人想起卢梭在《论人与人之间不平等的起因与基础》中的这样一段话:"一匹未驯服的烈马一见到人走近它,它便竖起鬃毛,用脚踹地,使劲反抗;而受过人的训练的马却乖乖地忍受鞭打和马刺的尖刺。同烈马一样,一个野蛮人是不会像文明人那样毫无怨言地戴上枷锁的;它宁可要狂风暴雨中的自由,也不愿意要和平安宁中的奴役。因此,我们不应当根据被奴役的人民的堕落状态,而应当根据所有一切自由的人民为反抗压迫而创造的壮丽事业,来评判人的天性是赞成还是反对奴役。我知道前一种人经常吹嘘他们在枷锁的束缚下所享受的和平与安宁,其实,他们是把'悲惨的奴役状态称为和平'。可是我发现第二种人却宁可牺牲他们的快乐、安宁、财产、权力甚至他们的生命来保护他们唯一的财产——被失去自由的人视为敝屣的自由。"(卢梭:《论人与人之间不平等的起因与基础》,李平沤译,商务印书馆2007年版,第106页)——译者

一、当前的问题

圆为方的问题。^① 解决好这个问题,则建立在这个基础上的政府就会成为一个没有弊病的好政府,然而,到现在为止,我敢说:你们以为你们是在实行法治,其实你们实行的是人治。

只有在法律深入人心的时候,才能有巩固的制度;只要法律的力量达不到这一点,人们就必然不会把法律放在眼里。怎样才能做到让法律深入人心呢?这个问题,那些只知道用强力和惩罚手段的法学家从来没有想过;用物质奖励的办法,也是难以使人人都守法的,甚至连最公正的司法机关也是做不到的,因为,司法机关同人的健康一样,是一种人们享受到了但却对它毫无感觉的财富,它不能引发人们的激情,只有在失去它的时候,才感觉得到它的价值。

然则应如何着手,才能鼓舞人心,使之热爱自己的国家和国家的法律呢?对于这个问题,我是否能这样斗胆建言:从关心孩子们的游戏开始做起,从认真做好那些被见识肤浅的人认为是没多大用处但却能培养良好的习惯和不可战胜的勤奋精神的事情开始做起。虽说我这个办法听起来好像很荒谬,但至少是经过通盘考虑之后才提出的,因为,从理性的角度看,我这个奇异的想法是最合道理的。

---

① "化圆为方的问题",即:作一个与已知圆的面积相等的正方形问题,这是古希腊几何学上的三大难题之一。1767 年 7 月 26 日,卢梭在致米拉波侯爵(1715—1789)的信中说他一直在思考如何解决这个他比喻为几何学上的化圆为方的问题,即:"如何找到一个能把法律置于一切人之上的政府形式。"^②——译者
②着重号是原有的。——译者

二、古人的立国精神

当我们阅读古代历史的时候,往往感觉到自己是置身于另一个世界和另一种人之中。现今的法国人、英国人和俄国人,与古罗马人和古希腊人有什么共同之处?除了面孔以外,其他一切一点也不相像。古罗马人和古希腊人广阔的胸怀,在他人看来是史家夸大描写的。那些心胸狭隘的人哪里能想到世上有如此伟大的人呢?然而,如此伟大的人的确有过,而且与我们同样是人。是什么原因使我们没有他们那样伟大呢?是我们的偏见、短浅的人生哲学和追逐蝇头小利的欲望,是荒谬的政治制度(这种制度决不是天上的神灵让我们制定的)把这些欲望和杂念汇集在我们心中,才使我们变成现今这个样子。

我遍观当今的世界各国,会起草法律条文的人多得很,但真正称得上是"立法者"[①]的人,却一个也没有。在古人当中,我发现,值得我们注意的立法者有三个。这三个人是:摩西、莱格古士

[①] 卢梭把能为一个国家立法的"立法者"看作是"神明"似的人,关于这一点,请参见卢梭:《社会契约论》,李平沤译,商务印书馆2013年版,第2卷第7章"论立法者"。——译者

和努玛。① 所有这三个人都把他们的精力全都灌注于那些在我们的博学之士看来是可笑的事物上。这三个人都取得了成功；如果对那些事情稍有马虎的话，他们是不可能取得那些成就的。

摩西开创了一项惊人的大事业，他把一大批可怜的逃亡者组建成一个具有国家形态的群体。这一大批逃亡者，既没有任何本事，又没有任何兵器，更没有任何才能、勇气和良好的品德，而摩西竟把这些贫无立锥之地的人组成了一支奇异的队伍，把这一大群到处流浪的人组成了一个政治体，一个自由的民族。当这些人在沙漠中流浪，连找一个石头当枕头睡觉都找不到的时候，摩西给他们制定了一套严密的规章制度；这套制度，经受了时间、命运和征服者的考验，历时五千年不仅没有被摧毁，而且丝毫没有变动，直到今天还依然完好无损地存在，尽管这个具有国家形态的群体已不是当初那个样子了。

为了防止他这一大群人融合于其他人群，摩西使他们养成了许多与其他民族的风俗和习惯互不相容的风俗和习惯；他给他们制定了特别的敬拜神灵的仪式，② 他用千百种方法使他们经常处于忙得不可开交的状态，使他们在其他民族看来是异类。他使他这一大群人彼此之间建立的情同手足的亲密关系，变成了一道道使他们不与邻人交往和混处的藩篱。经过摩西的这番努力，这个

---

① 摩西（约公元前 8 世纪—?）：以色列的先知和立法者；莱格古士（公元前 10 世纪—?）：传说中的斯巴达的立法者；努玛（约公元前 715—前 672）：传说中的罗马第二位国王。——译者

② 参见《圣经·旧约全书·利未记》中摩西所讲的"燔祭之例"和"素祭之例"等段的叙述。——译者

一再被他人征服，经常四分五散，而且在表面上看来已被摧毁但骨子里却始终热爱自己的规章制度的独特的民族，一直到今天，虽散处其他各国，但却没有与其他民族混同；尽管受到他人的歧视与迫害，但他们的风俗习惯、法律与敬拜神灵的仪式却一直与世长存。

莱格古士为一个已经被奴隶制和由奴隶制养成的恶习败坏了的民族立法。他给他的人民打造了一副铁枷锁；这样的枷锁，尽管其他民族还从来没有见过，但他给他的人民戴上了，而且可以说他使他的人民与这副铁的枷锁结合成一体了，甚至甘之如饴、寸步不离了。他一再告诫他的人民：他们之有法律，他们之能嬉戏欢乐，他们之有家庭和亲人的爱，他们之能享受盛筵，全都是由于他们有了祖国的缘故。他不让他们有一时一刻精神懈怠和只顾自己一个人的机会。由于这一约束的目的高尚，因此，从这一连续不断的约束中产生了只有斯巴达人才有的强烈的——或者说得更确切一点——唯一的感情，即对祖国的爱。这种爱，使斯巴达人成了人类中最超群出众的人。是的，斯巴达只不过是一座城池；然而，借助它的体制的力量，这座城池成了希腊的首都，全希腊的事情都由它说了算，就连波斯帝国也被它吓得发抖。斯巴达是把法律的效力扩展到它周围各国的发源地。

有些人认为努玛只不过是建立了一套宗教仪式的人；这些人对这个伟大人物的看法完全错了。努玛是罗马真正的建国者；虽说罗慕洛斯[①]把一帮强盗聚集在一起了，但一遇到打击，这帮强盗

---

① 罗慕洛斯：传说中的罗马城的建造者和罗马第一位国王。——译者

二、古人的立国精神

就会各自逃命,作鸟兽散,因此,罗慕洛斯未竟的事业是经不住时间的考验的,而把这一事业做得巩固和持久的人,是努玛;他把这帮强盗组合成了一个打不散的群体,把他们各个都改造成了公民。他改造他们的方法,借助于法律的时候少(因为这帮粗野的穷人是不吃法律这一套的),借助于温和的规章制度的时候多,用这种制度使他们不仅互相依赖,而且使他们全都眷恋他们的土地;用表面上看起来带迷信色彩的宗教仪式使他们的城市变成了一个圣地。对于努玛所搞的那一套可笑的宗教仪式的力量与效果,能了解的人不多,当然,为这一套仪式奠定初基的人是罗慕洛斯,是性情暴烈的罗慕洛斯。

古代的立法者在制定法律时,无不遵循这种精神。他们努力探索,终于在人民特有的风俗习惯中,在往往由于性质的特殊而成为排他的和民族的宗教仪式中(参见《社会契约论》末尾那一章[①]),在使公民们经常聚集在一起的娱乐活动中,在增进他们的体质和自尊心的体育运动中,在舞台演出的戏剧中,找到了这种使公民们联合起来热爱自己的祖国和他们彼此互相敬爱的纽带;尤其是这些戏剧,使他们回想起了他们祖先的历史,想起了他们过去的苦难,想起了他们的英雄事迹和高奏凯歌的盛况,从而振奋了他们的心,人人争先恐后地奋勇前进,深深眷恋着祖国,无一

[①] 指《社会契约论》第4卷第8章《论公民的宗教信仰》中的这段话:"一个国家明文规定的宗教有它的神,有它特殊的守护神,有它的教条、礼仪和由法律规定的外在的敬拜形式;除了信奉这种宗教的国家以外,其他一切国家,在它看来都是不敬神的,都是化外的和野蛮的。它把它的义务和权利只限于它的祭坛的范围。"(卢梭:《社会契约论》,李平沤译,商务印书馆2012年版,第150页)——译者

天不把祖国萦怀于心。他们向隆重集会的希腊人(不是聚集在戏院的包厢里手上有金银饰品的希腊人,而是聚集在露天广场的全体希腊人)朗诵荷马①的诗,表演艾士西里斯②、索福克勒斯③和欧里庇德斯④作的悲剧。在全体希腊人的欢呼声中,他们向竞技场上的优胜者颁发不断激励他们的竞争精神和荣誉心的奖品,使他们豪迈的勇气提升到了我们今天难以描述的和现代人难以相信的高度。而如今的现代人,他们之所以制定法律,那纯粹是为了告诫人们要服从主人,告诫人们不要去断人财路,以便让与官府勾结的包税人大发横财。他们之所以装出风度翩翩的样子,为的是讨风流女人的欢心和显摆自己的才情。他们也去教堂集会,也在神殿中举行敬拜神灵的仪式,但他们的目的不是祈求国家的昌盛和繁荣,因此,与祖国毫无关系,嬉闹一阵,便草草了事。他们花钱到那些门窗关得严严实实的剧场去看小丑演的滑稽剧和寻花问柳的黄色戏,去学那些导人为恶的坏行;戏中的情节固然转瞬就忘记,但唯独那些导人为恶的坏行在他们身上产生的效果能持久长存。在公众集会中,人民总遭到轻视,没有什么影响力;他们把人民对坏事的批评和对好事的赞扬都不放在眼里;还有那些成天游手好闲的不三不四之徒,最喜欢暗中厮混,说长道短,以离间人与人之间的关系为乐事,使人们彼此的距离愈来愈远,愈来

---

① 荷马(约公元前850—?):古希腊诗人;据说,《伊利亚德》和《奥德赛》两大史诗,就是荷马作的。——译者
② 艾士西里斯(约公元前525—前456):古希腊悲剧作家。——译者
③ 索福克勒斯(约公元前496—前406):古希腊悲剧作家。——译者
④ 欧里庇德斯(约公元前480—前406):古希腊悲剧作家。——译者

愈离德离心。所有这些情形,能激励人们的爱国心吗？如此不同的生活方式产生如此不同的效果,现代人没有古人那样的坚强性格,这有什么奇怪的呢？由于你的热情使我越说越起劲,余兴未尽,所以才说了这一大段题外话,请多原谅。现在言归正传,让我回过头来谈这样一个国家的人民,而我之乐于谈论他们,是因为在今天世界各国的人民中,只有他们最使我不远离我在前面所谈的那些古人。

三、如何入手

波兰是一个大国,但它周围的国家①比它还大得多。这几个比它还大的国家,实行的是专制制度,而且有强大的军队,所以具有很大的侵略性。与这几个国家相反,波兰国内乱象丛生,国力十分薄弱;尽管波兰人十分勇敢,但波兰却屡遭那几个国家的侵凌。它没有边防要塞抵挡它们的入侵;它的人口一天天减少,使它几乎处于一点防卫能力都没有的状态。波兰没有雄厚的经济实力,只有很少一点点或者说得更确切一点:没有几支可以上阵打仗的部队,而且纪律松弛,不服从命令,不听从指挥。内部四分五裂,外部强敌压境,再加上政局很不稳定,处处听从邻国的摆布。因此,我认为:在当前的形势下,只有一个办法能给予波兰目前所需要的政局稳定;这个办法是给全国人民灌输"联盟精神"②,使共和主义思想如此深深地在全体波兰人的心中扎根,以致,即使所有的敌人来侵犯它,它也能够生存。我觉得,这是波兰唯一的护身法宝,是任何力量都无法破坏或摧毁的。我在这里举一个令人永不忘怀的例子:尽管波兰长期处在俄国的枷锁之下,但波

---

① 指俄国、普鲁士和奥地利。——译者
② 这里的"联盟"指巴尔联盟。——译者

兰人一直是自由的;这个鲜明的例子表明你们完全有抵抗邻国的压迫和野心的能力。你们虽不能阻止它们有吞并你们国家的企图,但至少能使它们无法一个一个地吃掉你们。须要指出的是:不论你们采用什么方法,如果不首先使波兰具有抵抗敌人的能力,则波兰必然会被敌人摧毁一百次。好在波兰人的英雄气概和波兰人的爱国热忱与波兰特有的国家体制可构成波兰人捍卫自己国家的可靠的堡垒,是任何军队都无法攻破的。只要你能使每一个波兰人永远不变成俄国人,我向你保证:俄国就永远无法征服波兰。

一个国家的人民的才能、特性、风俗习惯和爱好,是由该国的政治制度的熏陶而形成的,是制度使该国人民成为这样一种人,而不成为另外一种人,使他们对祖国产生一种以不可根除的习惯为基础的热爱之心,使他们如果生活在其他民族中,即使享受到在自己国家享受不到的快乐,也将厌烦得要死。请回想一下那个在波斯帝国的王宫中享尽种种荣华和逸乐的乐趣的斯巴达人在人们责怪他说波斯的炖肉不好吃的时候说的话。"唉",他叹了一口气对一位波斯总督说道,"我已经领略到了你们的快乐享受,而我们的快乐享受,你还没有领略过呢。"[①]

---

① 文中所说的那个斯巴达人,指斯巴达将军布拉希达斯。这段故事,卢梭在《论人与人之间不平等的起因和基础》中批评某些政治学家"对自由的追求"所作的似是而非的论述时讲过。他说这些政治学家"没有想到人类有热爱自由和崇尚纯真与美德的倾向;对于这三者,只有亲身领略过的人才知道它们的价值,而一旦失去了它们,也就会失去对它们的兴趣。布拉希达斯听一位波斯的总督把斯巴达的生活同波斯波里斯城的生活作了一番比较之后,便对他说:'我已经领略过你们国家的种种逸乐,而我们国家的种种乐事,你还没有见过,所以你还领略不到其中的乐趣。'"(卢梭:《论人与人之间不平等的起因和基础》,李平沤译,商务印书馆2007年版,第105页)——译者

不管人们怎么说，我认为，今天已经没有法国人、德国人、西班牙人和英国人，而只有欧洲人了。大家的兴趣相同，欲望相同，风俗习惯也相同；没有任何一个国家的人民具有由某种特有的制度熏陶而形成的民族特性。大家都在同样的环境中做相同的事；大家都说自己没有私心，其实没有一个不是小人。大家都在说为公众谋幸福，其实各个都在为自己谋幸福。大家都在说只要生活过得去就行了，其实各个都在想成为克雷苏斯①。大家都穷奢极欲，都在追求金钱，以为一有了金钱，就可以想得到什么就得到什么，因此，谁出钱买他们，他们就卖身投靠谁。谁当他们的主人，让他们服从哪个国家的法律，这有什么要紧呢？只要有钱可捞，有女人可勾引，他们无论在哪个国家都感到如同在自己国家一个样。

使波兰人的胸怀向另一个方向发展，你就可以使他们的灵魂具有一种与其他民族迥然有别的民族特征，使他们不至于与其他民族相混同而无区别，使他们具有一种用陈词滥调不能鼓起的勇气，使他们凭自己的爱好和向往的目标行事，其效果，远远比单凭尽职尽责之心行事好得多。有了这种心胸的人，就可以制定出良好的法律；他们就一定会服从法律而不会想方设法规避法律，因为法律适合于他们，他们打心眼里十分赞同。他们热爱自己的国家，因此必然会全身心地为国家效力。只要有这种感情，你们制定的法律即使不好，也能造就出好公民；有了好公民，就必能使国

---

① 克雷苏斯（公元前 561—前 546 在位）：以富甲天下著称的古吕底亚国王。——译者

家强大和昌盛。

现在,让我来谈一下你们的政府。在我看来,你们政府的体制并未对你们法律的基础产生什么不良的影响,因此,完全能够把人民的爱国主义精神和道德观念提升到尽可能高的程度。不过,不论你们将来是否还采用这一体制,你们都应当首先从使波兰人有一种自尊心开始做起;使波兰人自己尊重自己和爱自己的祖国。经过这一番努力之后产生的自尊心,决不是虚有其表的自尊心。你们应当密切注意当前事态的发展,充分利用眼下这件事情①把波兰人的豪迈之气提升到可比古人的程度。肯定无疑的是,巴尔联盟挽救了你们垂死的国家;你们应当把这件事情大书特书地铭刻在全体波兰人的心里。我希望你们建立一座纪念此事的纪念碑,把所有的盟员的名字都刻在碑上,连那些将来也许会背叛这一共同事业的人的名字也刻在碑上。这一如此伟大的壮举,可洗刷你们一生的过错;这是一件划时代的大事,应当每十年对它举行一次隆重而朴实并充满共和主义精神的纪念会,在会上庄严而不夸张地怀念那些为了挽救国家而光荣牺牲在敌人刀剑下的公民,并对他们的家属颁发荣誉奖状,使他们受到公众的尊敬。我不希望你们在这庄严的纪念会上咒骂俄国人;我希望你们在会上一个字也不要提到他们。因为,谈论他们,反倒是夸赞他们;无一句话提到他们,表明人们心中还记得他们的暴行。对那些反抗他们的人加以表彰,这就把一切该说的话全都说了。你

---

① 指1770年9月10日巴尔联盟的盟员用武力夺回了一座被俄军强占的城堡。——译者

们应当对他们抱如此严厉的鄙视态度,以致犯不着去憎恨他们。

我希望你们大张旗鼓地颂扬和表彰种种爱国的美行,心中时刻牵挂着全国的公民。我希望你们把这一切当作一件大事来举办,时时刻刻把它展现在公民们的眼前。我承认,在这方面花这么多心思,大家用于发家致富的时间就少了,然而,他们的贪欲也少了,他们的心将领略到另外一种非金钱所能买到的幸福。这才是真正使人们的灵魂高洁的办法;这个办法的效力,比金钱的效力大得多。

韦洛尔斯基先生给我的那份关于波兰人的风俗的简介,还不足以使我充分了解波兰人的民族习惯和家庭生活状况。一个从来不太喜欢和邻国人民杂处的大国的人民,是一定有许多特有的风俗习惯的。不过,由于当今的人们的思想都普遍向往欧洲,所以波兰人也许也会一天天习染法国人的习惯和爱好。古朴之风必须保持,但同时当然也可以采纳一些其他适合于波兰人的生活方式,即使这些生活方式与波兰人的生活方式不同,甚至在某些方面是不好的,但只要本质上不是很坏,那也会使波兰人依然爱自己的国家,而不愿意和外国人混同。我认为,波兰人有波兰特有的服装,这是一件好事,必须继续保持,必须处处与沙皇提倡的那一套做法相反,国王、参议院议员及一切公职人员都坚决不穿别国的服装,而只穿本国的服装,使每一个波兰人都不敢穿着法国人的服装到王宫去。

你们国家有许多好的儿童游戏;国家时时关心儿童,儿童也必然会时时心向国家。不仅在一般的公共场所,甚至在宫中也应当取缔那些无聊的娱乐活动,不演那些无聊的歌剧和喜剧。所有一切使人意志消沉和离德离心甚至忘记自己的国家和自己的天职的戏,所有一切使人觉得无论生活在哪里都无所谓、只要能够好玩就行的娱乐活动,都应当严加禁止。应当创作一些只有波兰王宫才有而其他国家的王宫都无的娱乐活动和庄严的庆典;应当想尽一切办法使人们觉得在波兰比在其他国家玩得更开心和更有一套花样。总而言之一句话,应当把那句令人讨厌的老话①彻底推翻,让每一个波兰人在心灵深处说:"只有在自己的国家最好玩。"

如果可能的话,便尽量做到没有一样娱乐活动是只有大人物和富人独享的。尽量做到使所有一切表演都在露天举行。在表演场上,虽然席位要精心安排,但同古代人一样,全体人民都同样能参加,而且在某些情况下,让年轻的贵族展示他们的体力和技能。斗牛戏,在鼓励西班牙人增进他们的精力方面是起了不小的作用的。波兰的青年人从前锻炼身体的体育场应当及早修复,使之成为青年人表演技能和争夺荣誉的场所。再也没有什么事情是比用不那么粗野的体育活动代替古代的格斗表演更容易的了;你们应当让青年人在体育活动中大显身手,使优胜者获得奖赏。骑术是一种最适合于波兰人的体育活动,而且最容易获得观众的喝彩声。

荷马歌颂的英雄各个都以勇武有力和手段高强而表现得超群出众,将来可做人民的领袖;骑士团培养的人不但很骁勇,而且具有种种美德和热爱荣誉之心。可是现今这个时代,由于有了火

---

① 那句令人讨厌的老话是:"哪里好玩,哪里就是家。"——译者

枪火炮，体能在战场上的用处便少了，就不受重视了。由此产生的结果是：一个出身世家的人，除了他时而清醒时而糊涂的头脑令人难以猜测他想说什么和干什么以外，在他身上就没有任何特殊之处使他显现得与别人不同，就没有任何优点表明他该享有那种福气，更没有什么特殊的才能表明他该有高人一等的自然权利；由此可见，如果人们不重视这些形之于外的体能，不严格要求，那些统治我们的人的身体就会愈来愈柔弱，就会一蹶不振地愈来愈衰败。人们须知，而且要牢牢记住：那些有朝一日将指挥他人的人，从青年时候起，即使不能表现在各方面都优于他人，但至少要比他人略胜一筹。此外，最好是让人民和他们的首领经常愉快地相处在一起，让人民了解他们，熟悉他们，与他们一同欢乐。只要经常注意保持上下级的从属关系，不同官员们混杂在一起，就可用这个办法使人民乐于接近官员，对官员表示尊敬。最后要着重指出的是：使人们喜欢体育运动，就可改变人们懒闲和贪图安逸与胡思乱想的坏习惯。[①]要想有一副好的精神气质，就必须锻炼，有一副好的体质；对于这一点，我们的年轻人还远远没有认识到它的重要性。

切不可忽视某些公共场所的装饰品的重要意义；公共场所的装饰品，必须气势高雅和壮丽，它们的美，要美在令人赏心悦目，而不美在炫耀饰物的富丽堂皇。人们想象不到人民的心将随眼

[①] 《爱弥儿》第 2 卷通篇讲的就是这个体育锻炼和智能训练的关系："所有那些研究过古人生活方式的人都认为，正因为他们有了体育锻炼，所以才有那样的体力和智力，使他们和现代的人有明显的区别。"（卢梭：《爱弥儿》，李平沤译，商务印书馆 2012 年版，第 150 页）——译者

睛所观赏的事物而激励到何种程度,想象不到布置的庄严对他们有多大的感染力:它将使人民感到政府的行政井然有序和合乎规矩,它将使人们对政府产生信心,而不会认为政府是在武断专横和随心所欲地行事。在庄严隆重的仪式中,切不可有那些镏金镏银和让人看得眼花缭乱的摆设和宫中使用的豪华饰品。自由的人民的庆典应当表现出庄严肃穆的气氛,只能展示令人肃然起敬的事物。罗马人在每次打了胜仗之后都要举办一次大展览会,但展出的全是被征服的人民的奢侈品,这些东西愈是豪华,愈不引人注目:在罗马人看来,穷奢极欲的风气就是应当吸取的一大教训。他们用金链条和宝石链条来锁住被俘虏的国王,从这种做法就可看出他们对奢侈之风抱有什么态度了。人们常常用两个相反的办法达到同一个目的。放在英国上议院议长席旁边的两袋羊毛,在我看来就是一个能打动人心的好饰品;把两捆麦子放在波兰参议院门口,在我看来,其美学的效果一点也不差。

大领主和小贵族之间的巨大的财富差距,是波兰为了使波兰人各个都有爱国心而进行的改革所遇到的一大障碍。只要大领主们起居豪华,穷奢极欲,则每个波兰人的心中就必然会产生追逐金钱的贪欲。只要大家羡慕的东西是金钱,只要人们都认为要想风光就首先要拥有财富,则每个人就必然想成为富翁。必须狠狠刹住生活糜烂腐化的风气。如果能做到不用金钱而要用其他引人注目的事物和事迹来区分人的高下,则那些只是家资巨万而无他长的人便会被人们视为无德无能的人,这时候,每个人就会向往令人啧啧称羡的荣誉,即:唯一能使人显身扬名的人品和美德。罗马的执政官都是穷人,但他们有身戴肩章的侍从官站立在他们身旁,其威仪之显赫,令人羡慕不已;在罗马,只有平民能上升到执政官的地位。

我深深知道,想彻底根除因财富不平等而产生的奢侈之风,是很困难的。不过,难道就不能改变一下大把花钱的办法,使之不产生那么坏的影响吗?例如:从前波兰的穷贵族都投靠大领主;大领主做他们的保护人,对他们进行教育,并供给他们生活所需;这种做法就很好,就值得称道。① 我当然了解这样花钱,也有其缺点,但它至少不仅不败坏人的心灵,而且还能提高人的品德修养,使人养成积极向上之心;这种做法,罗马人在共和国时期实行起来没有产生过任何流弊。史书上记载:埃普隆公爵有一天在路上遇见苏利公爵,就想找茬儿和苏利吵架,但他身后只有六百小贵族跟随,便不敢向有八百小贵族跟随的苏利口出狂言。我不相信这样一种花钱养门客的做法是那些喜欢一身珠光宝气的心胸狭隘的人能做到的,更不相信那些穷贵族会仿效。让波兰的大贵族全都像从前那样做,其结果,虽也许会引起党同伐异的门阀之争,但对人民不会造成多大的坏影响。此外,对于军队的训练和武器的改进与马匹的饲养,你们应当舍得花钱,而对其他一切使人产生骄奢淫逸之心的装饰品,则应抱深恶痛绝的态度;即使不能使妇女们完全不使用这些东西,但至少应教导她们慎用这些

---

① 在《社会契约论》中,卢梭曾称赞过这种做法;他说:"这样一种值得称道的保护者与受保护者的制度,是政治的与人道的一种杰作;没有这种制度,与共和国的精神相违背的贵族制便无法存在。只有罗马才能在全世界创造这样一个良好的榜样;它从未产生过什么弊端,不过,后来也没有人仿效。"(卢梭:《社会契约论》,李平沤译,商务印书馆 2012 年版,第 131 页)——译者

东西,同时不赞成男人使用这些东西。

单单颁布限制奢侈的法令,是不可能彻底禁止奢侈之风的,必须从人们的心灵深处消除讲究奢靡的念头,培养他们高雅和健康的爱好,才能取得良好的效果。如果不首先从使人们憎恶那些不该做的事情开始做起,单单用法律取缔那些事情,其效果是不大的,是不会持久的;只有在人们认定那些事情是不该做的之后,法律才能真正做到禁止那些事情。谁想为一个国家立法,谁就应当知道如何指导人民的舆论,通过公众的舆论去引导人们的思想;这一点,是千真万确,无可怀疑的。人们须知:限制奢侈的法令不仅愈限制愈刺激人们讲求奢侈的欲望,而且将比用惩罚的办法禁止更加使奢侈之风愈演愈烈;风俗和服饰的纯朴,是不能靠法律而只能靠教育才可取得的结果。

四、教育

本段的论述很重要。人们的精神之具有民族特性,是教育培养出来的;只有教育才能如此密切地指导人们的舆论和爱好,使人们在思想、感情和生活上成为热爱自己国家的人民。一个孩子呱呱坠地之时,他睁眼看到的是祖国;到他将来临死之时的最后一瞥,他看到的也是祖国。每一个真正的共和主义者一吃了母亲①的奶,就深深怀着对母亲的爱,即:爱法律和自由。这种爱将贯穿他的一生;他心中只有他的祖国,他是为祖国而生的;他一旦孤独无依了,他就什么也不是了;一旦没有祖国了,他也就什么也没有了;他虽然没有死,但比死还难过。

一个民族特有的教育,只能对自由的人民进行,因为,只有自由的人民才能通过法律结合成一个共同体。如今的法国人、英国人、西班牙人、意大利人和俄国人,都差不多是同一个样子的人。他们已经按某种形式培养定型之后才走出校门去谋求职位,也就是说去供他人役使。一个波兰人年满二十周岁之后,就不应当是另外一种人;他只能是一个波兰人。我希望他当初从发蒙识字之时起,他在书中读到的都是有关他的国家的事情;在十岁的时候

---

① 指祖国。——译者

四、教育

就知道他的国家有哪些物产,十二岁时便知道波兰有哪些省份、哪些通衢要道和城市,十五岁时便熟知波兰的历史,到十六岁的时候,凡是发生在波兰的大事和出现的著名人物,没有一个他不了然于心,马上能讲得一清二楚。从我所讲的这些情况就可看出我希望对孩子们进行的教育,与外国人和教士们[①]施行的那种教育截然不同。孩子们应当学些什么,按怎样的进度和方式学习,应当由法律规定。他们的教师应当全是波兰人,而且尽可能全都是已经结了婚的,他们的人品出众,学识超群,经过一定年限圆满完成这项工作之后,虽不能各个都去担任更重大的和更光荣的职务,但可以担任不那么辛苦和待遇更加优厚的工作。须要特别注意的是:切不可把教书工作当作一门职业;波兰的一切公职人员,除了公民的身份以外,便不能有其他的身份。他们担任的职务,尤其是重要的职务(例如当教师),都只不过是对他们进行考核和考核期满后晋升到更高职位的阶梯。我深深希望波兰人注意我一再强调的这一点;我深深相信这是开启国家的一大宝库的大门的钥匙。读者在后文即将看到:这种做法,是无论在哪个国家都可无一例外地实行的。

我不喜欢教育机构有"学校"和"学院"之分;学院只让富有的贵族子弟上,而对于穷贵族的孩子实行另外一种教育,对此我是很不赞成的。既然根据国家的宪法,大家都是平等的,那就应当让大家接受同样的教育。即使不能设立一种完全免费的公共教

[①] 句中的"外国人和教士",指法国人和法国耶稣会教士;当时波兰各类学校的教师,几乎都由法国人和法国教士担任。——译者

育,那也至少应当使教育的费用降低到穷人也承担得起。难道就不能在每个学校招收一定数量的免费生吗？他们的费用完全由国家出（这笔费用在法国称为"助学金"），这难道做不到吗？对穷贵族的孩子们免费,是由于他们的父辈曾为国家效力,所以不是一种施舍,而是为了酬报他们父辈的功劳,因此,享受这种免费的学生是很体面的,是能获得不可小视的双重好处的。至于哪些孩子能免费,这不能随意确定,而应当按照我在后文即将谈到的办法确定。那些获得免费待遇的孩子,称为"公费生",并可佩带某种可使他们的席次位居同龄孩子（包括大贵族的孩子）前头的标志。

每个学校都应当为孩子们修建一个体育馆或运动场。这种被人们忽视的事情,在我看来却是教育工作中最重要的事情,其目的,不仅是为了培养强健的体魄,而尤其是为了培养孩子们的精神和毅力,然而此事不仅不受到人们的重视,而且还被一些人用冬烘先生那一套废话连篇的教条来驳斥。我在这里就不重复说良好的教育方法是消极教育,因为防止恶习的产生,就等于是培养了好品行了；[1]这一点,在好的公立学校中做起来,简直是简单极了：尽量使孩子们动个不停,忙得不可开交,不过,不是强要他们去读他们讨厌的书本,书上的东西他们是读不进去的,强迫他们坐着读书,他们肯定是越读越生气的,因此要让他们到运动场上去搞体育活动。他们正在成长的身体需要运动,在他们看

---

[1] 卢梭在《爱弥儿》中说："最初几年的教育应当纯粹是消极的,它不在于教学生以道德和真理,而在于防止他的心沾染罪恶,防止他的思想产生谬见。"（卢梭：《爱弥儿》,李平沤译,商务印书馆2012年版,第96页）——译者

来,体育活动是其乐无穷的。

切不可让孩子们各玩各的,不可让他们任意单独活动。他们必须集合在一起玩,使他们玩的时候有一个共同的目的,养成并发扬彼此竞相比赛的精神。那些喜欢家庭教育,把孩子放在跟前教的家长们,也可让他们的孩子来参加这种活动。对孩子们的教育,可以实行家庭教育,但孩子们的体育活动,则应当是集体活动,同大家一起活动。因为,这样做,不仅是为了把他们锻炼得有一副强壮的身体,把身体锻炼得十分矫健,而且是为了使他们从小就养成遵守规则的习惯,养成友好平等待人的精神,敢于拼搏和接受公众的监督,并渴望得到公众的赞许。为了达到这些目的,对优胜者的奖赏,就不能由体育老师或学校校长随意颁发,而应当根据观众的掌声和评语颁发。我深深相信,只要努力把这种活动办得有声有色,办得像戏剧演出那样大家喜欢看,则公众的评判一定是很公正的;所有一切热心的人们和爱国者都将把来观看这种活动视作一种应尽的职责和应享受的乐趣。

在伯尔尼,年轻的贵族在毕业时,还将为他们举办一种名叫"模拟国务活动"的游戏。参加游戏的人,有的扮演参议员,有的扮演行政官、军官、执达员和律师;他们在游戏中将表演如何审理案件和判决案件,处处都表演得惟妙惟肖,十分逼真。"模拟国务活动"还将组建一个微型政府,并给微型政府的官员发薪水。由主权者批准举办的这种活动,是培养未来担任公职的政治家的摇篮,通过这种活动培养他们将来如何担任公职。

不论公立学校采用何种办校形式(恕我在这里不详述其细节),我都希望把它办成一个有最高管理权的学校,办成一个培养将来担任最高行政官的学校。这个学校不仅可以自行任命、撤换和调动学校的校长和主要负责人员(这些人都是将来有望担任我所说的那种高级行政官的)而且还可以任命、撤换和调动体育教师,并时时提醒教师们注意:将来是提拔或不提拔他们当高级行政官,那就要看他们在担任现在的职务期间是否勤奋工作和做出成绩而定。由于共和国的希望和民族的荣誉与命运都寄托在这种学校的身上,因此,当我发现我认为十分重要的这件事情遭到人们的忽视时,是感到特别震惊的;我对世上的事情很难过:有许多想法在我看来都是很好的和有益的,然而,尽管是完全可行的,但实际做起来,其效果却往往远不如人意。

以上所说,虽只不过是荦荦大端,但对我想向其讲述的人来说,已足够把我的意思说清楚了。我在这里粗略谈到的情况,只不过是指出现今的人们尚不了解的道路,指出古人就是通过这条道路培养人们坚毅的心灵、爱国热忱和崇高的人品的(我的话中没有一句涉及那些与人的品质的培养无关的事情)。古人的那些品质在我们当中虽迄今还没有见过,但在每个波兰人的心中是有这种品质的种子的,只要有良好的制度,便可使之发芽生长。按照这种精神去教育波兰人,培养他们的风俗习惯,就可促使他们心中尚未被迂腐之见和陈旧的制度与宣扬自私心的哲学败坏的种子发芽生根,使波兰人从可怕的危机中获得新生,使从前没有法律观念的人民现在明白了必须遵纪守法的道理;他们将满怀希望,希望从精心制定的制度中获得许多效益。他们将十分珍惜和尊重鼓舞他们高尚的自尊心的法律;法律将使他们生活得很幸福和自由,并铲除他们内心深处的规避法律的念头,把规避法律的念头转变成热爱法律的思想,从而使波兰人的面貌可以说是焕然一新,具有一个新生民族的活力。大家须知,不首先做到这一点,就不能指望你们的法律发挥作用;不论你们的法律制定得多么细密和严明,人们都有办法规避,使之形同虚文,何况你们在纠正使你们大受其害的弊病的过程中还将产生一些你们不曾料到的弊病呢。我必须把这几句丑话说在前头;这几句话是非说不可的。现在让我们来谈体制问题。

五、一大病根

如果可以的话,让我们一开始就避而不谈那些凭空想象的计划。先生们,你们目前最关心的是什么事情?你们目前最关心的是波兰政府的体制的改革,即:如何使一个大国的体制具有一个小共和国的体制的那种稳定性和活力。在谈论如何进行这个计划之前,应当先问一下这个计划是否能成功地执行。民族的伟大!疆域的辽阔!这些都是人类苦难的主要根源,尤其是造成那些使文明的国家遭到破坏和毁灭的灾祸的首要根源。几乎所有的小国,无论它们是共和国还是君主国,它们之所以那么繁荣,纯粹是由于它们的国家小,公民们都互相了解和互相呵护,首领们能亲自了解人们的疾苦,亲自调查需要为人民做些什么事情,并亲自监督他们的命令是否得到执行。所有那些被自己庞大的身躯压垮的大国的人民,不是像你们这样在乱象丛生的环境中呻吟,便是在国王委派的各级官员的压迫下叫苦连天。只有上帝能统治世界,必须具有超人的本领才能治理大国。波兰辽阔的疆土没有千百次把它的政府变成专制政府,没有使波兰人精神颓丧和意志消沉,这简直是令人吃惊,简直是奇迹。经过许多个世纪之后,这样一个国家依然处于一片混乱的无政府状态,这是有史以来独一无二的事例。这一进程之所以这么慢,恰恰是由于与你们

五、一大病根

想摆脱的缺点分不开的优点造成的。啊,无论我重复多少次指出这一点,都不为过。你们要当心,千万不要随便触动你们的法律,尤其不要触动那些使你们成为现在这个样子的法律。你们需要的第一个改革,是改革你们各省的辖区;你们面积那么大的省份,根本不可能像小共和国那样实行严密的管理。如果你们想改革你们的政府,就应当首先从缩小各省的区域开始做起。也许你们的邻国想来帮你们做这个工作,这对被分解的省份来说,无疑是很不利的,但对整个国家来说,则是很好的。

但愿这个缩小辖区的计划还没有实施。我认为,有一个办法能代替这个计划;这个办法实际上早已存在在你们体制的精神中。尽管两个波兰的区分同它们与立陶宛的区分是同样的清楚,[①]但我主张把这三个"国家"合而为一。如果可以的话,我希望省份的数目依然照原来的数目不变;[②]让每个省都有它自己的行政公署。改进省议会的组织形式,扩大它们在各自的省中的权力,但必须严格规定它们权力的界限;更重要的是:不可打破它们之间共同的法律联系,不可改变它们与共和国的隶属关系。总而言之一句话,你们应当扩大和完善联邦政府的行政体系;只有这个体系能把大国的优点与小国的优点结合在一起,因此,只有这个体系适合于你们。如果你们不听取这个忠言,我怀疑你们能把事情办得成功。

---

① 关于两个波兰的区分与它们同立陶宛的区分,请参见译者前言第一段。——译者

② 当时的波兰分成33个省。——译者

六、三个级别的问题

在同人们谈论波兰政府的体制时,几乎没有一次不发现他们不提起那些在我看来是错误的和意思不清楚的论点。他们经常翻来覆去地说波兰共和国是由三个级别组成的,即:由骑士团、参议院和国王组成的。我也认为波兰这个国家是由三个级别组成的;不过,这三个级别是:总揽大权的贵族和什么都不是的有产者与比什么都不是还什么都不是的农民。如果把参议院当作国家的一个等级的话,为什么不把众议院看作一个等级呢?众议院的牌子也很硬,权力也不小嘛,何况那些人的那种分法,即使按照他们的解释,也显然是不全面的,因为,还必须加上各部的部长。部长们既不是国王,又不是参议员或众议员,而且有很大的独立性,手中拥有的行政权也不少。他们怎么不明白"部分"是靠"全体"而存在的,而且是通过与全体的关系而形成一个独立于全体的独立的级别。是的,英国的贵族院因为是世袭的,所以是一个自行存在的级别,可是在波兰,没有骑士团,就不会有参议院,因为,一个人如果不首先成为波兰贵族,就不可能成为参议员,更不可能成为国王,因为国王是由骑士团任命的;没有骑士团,国王便什么事情也做不成。反之,没有参议院和国王,骑士团以及由骑士团主导的国家和主权者可照样存在,而且,第二天,如果它高兴的话,它就可以像从前那样有一个参议院和国王。

不过,虽说参议院不是国家的一个级别,但不能因此就说它什么也不是;虽说它不能以参议院的名义执掌法律,但它的成员各个都拥有参与立法的权利。每一次制定或撤销某些法律时,如果不让他们在全体国会上投票,就等于是剥夺了他们一生下来就有的权利。不过,在这种情况下,他们不是以参议员的身份投票,而是以公民的身份投票。立法机关一发言,则大家都处于平等地位,其他的权威在它面前都应保持沉默;它的声音是上帝在地上的声音,即使是主持国会的国王,我认为,也没有投票权,如果他不是贵族的话。

谈到这里,也许有人认为我的说法不对,认为:如果参议员在国会不能以参议员的身份投票,那么,他们也不能以公民的身份投票,因为骑士团的成员本人也不亲自在国会投票,而是由他们的代表投票;既然没有任何一位贵族在国会投票,他们为什么能以个人的身份在国会投票呢?我认为,在目前的情况下,这个反对的意见是对的,然而,在拟议中的改革一付诸实施的时候,人们的这个反对的意见就站不住脚了,因为到那时,参议员们本人就是国会的终身代表,只不过他们只有在同僚们的合作下才能参与立法工作。

切不可认为在制定法律时需要国王和参议院与骑士团共同参与;制定法律是骑士团独有的权利,而参议员同众议院议员一样,只不过是骑士团的成员,参议院不能以一个机构的名义参加骑士团。在波兰,国家的法律就是或者说应当是如此。神圣的、不受时效限制的和激励人的心弦和理智的自然法,不允许任何人削弱立法者的权威,也不允许法律宽恕那些不以议员的身份亲自(至少也应当由他们的代表)到国会投票的人。谁违背了这条神圣的法律,谁就要受惩罚。波兰这么大的一个国家之所以沦落到如此衰弱的地步,是由野蛮的封建制度造成的;这个制度使国家之中为数最多而且有时是最贤明的一部分人不能参与这个工作。

上天作证:我认为我是用不着在这里论证这些只要稍微有一点常识和头脑就足以明白的人人皆知的道理的。波兰打算到哪里去吸取力量?力量不就储存在你们的心中吗?波兰的贵族们啊,你们要振作精神,挺起胸膛做人。你们只有依靠自己,才能幸福和自由,但是,要记住:只要你们使你们的同胞[①]处在枷锁的束缚下,你们就休想幸福和自由。

要制定一个解放你们人民的计划,那是很困难的。我担心的,不是主人们的所谓利益、自尊心和偏见(这些障碍已经克服了);我担心的是农奴们的积习和惰性。"自由"是一种很精美的食品,但是是很难消化的食品,必须要有很强健的胃才承受得了。这些被阴谋家鼓动起来的满身恶习的人,在对自由一点概念都没有的时候,竟公然谈论自由,这真是令人好笑,以为一起来造反就可以获得自由,这简直是太天真了。高贵的和圣洁的自由女神啊!如果这些可怜的人们能了解你,如果他们知道要花多大的代价才能获得和保有你,如果他们知道你的法律比暴君加在他们身上的枷锁还严酷,他们脆弱的心灵害怕你,将比害怕奴役更害怕一百倍;他们将像躲避一个可把他们压得粉身碎骨的重担那样躲

[①] 指下一段所说的农奴。——译者

避你。

　　解放波兰的人民,是一项很伟大和高尚的事业,不过,也是一项很大胆的和充满危险的事业,因此,切不可掉以轻心。在诸多须要注意的事情中,有一件事情是非做不可的,而且是需要花许多时间去做的。这件事情是:首先要使你们想解放的农奴懂得自由和配享自由。我在后文将谈到做好这件事情的方法之一;不过,尽管我对这个方法毫不怀疑,但我不敢贸然保证它必定成功;如果你们有另外的更好的办法,你们就采用你们的办法好了。不过,不论采用什么办法,你们都要想到你们的农奴同你们一样也是人,他们身上也有成为你们这样的人的资质。你们首先要千方百计地开启和运用他们的资质;解放了他们的心灵之后,才能解放他们的身体。没有做好这第一步工作,你们的事业就很难成功。

七、维护体制的方法

波兰的法律,同欧洲其他国家的法律一样,是陆陆续续由许多个单项的法律和条例集合而成的。每当发现一种弊病的时候,便制定一项法律或条例去纠正,然而,从这项法律或条例的漏洞中又会产生许多其他更需要纠正的弊病,这样一来,这个纠正那个,纠正复纠正,没完没了地纠正下去,其结果,必然会导致最可怕的弊病:叠床架屋的法律、条例和规定必将削弱法律的效力。

波兰的法律之所以那么软弱无力,其原因是很特别的,也许还是世上少见的。是的,法律失去了它的效力,但它不是因遭到行政权威的压制而失去其效力;甚至在此时此刻,波兰的立法机关依然保持着它的全部权威。它之所以无所作为,其原因,不是由于它有一个高于它的顶头上司。波兰的国会同它建立之时一样,依然是主权者,然而它没有力量;尽管谁也不控制它,但谁也不服从它。这种情况真特别,值得人们深思。

是什么原因使波兰的立法权威一直维持到现在呢?是由于立法者们不断地召开会议。国会的频繁召开和国会议员的不断更新,维护了共和国的存在。英国享受到了这些好处中的第一个好处,但由于忽视了另一个好处而失去了自由。英国的国会一开起会来,时间是如此之长,以致宫廷每年都要为它花许多钱。宫中发现每七年花钱开一次会,对自己有利,于是决定每七年才让国会开会。这对你们来说,是第一个教训。

保持波兰立法权威的第二个方法是:首先划分行政权的行使,以防止掌握行政权的人联合起来压制立法权;其次是防止行政权频频从这个人的手里转到另一个人的手里,从而防止种种篡权的行为。每一位国王在位期间,都想取得任意行使的无限权力,但他的继承者是由选举产生的,因此不敢继续其前任想取得行使无限权力的图谋。新国王一登基,就要受到《波兰会典》①的制约,就必须按照《会典》的规定行事,因此,尽管每个新国王都有专横独断的倾向,但他们没有一个取得真正的成功。

各个部的首长和高级官员也是这样,他们一个个都不受参议院的节制,而且各干各的,彼此互不相干,在各自的部里拥有无限的权力,不过,除了他们的权力能互相制衡以外,他们的位置并不是某些家族永久占有的,所以他们没有任何绝对的权力;任何一个部的权力,即使是篡夺的,最后还是回归原来的部。如果行政权集中在一个集体(例如参议院)或一个世袭的王室家族手中,事情就不是这样了;这个家族或集体或迟或早都会压制立法权的行使,把全体波兰人像其他国家的人民一样,置于枷锁的束缚中,幸好现今只有波兰人尚属例外,没有戴上这副枷锁。我之所以说只有波兰人例外,没有戴上这副枷锁,是因为我已经不再把瑞典人

---

① 《波兰会典》:波兰国王路易一世1370年下令编纂的一本法律汇编。——译者

民看作是不受枷锁束缚的民族了。[①] 这是你们的第二个教训。

以上所说,是你们的体制的优点,这些优点当然是很大的,而后文即将谈到它的缺点,它的缺点是不小的。由几个人分掌的行政权缺乏相互之间的协调,因而会造成与良好的秩序不相容的互相碰撞和互相扯皮的现象。每一个掌握一部分行政权的人,都将凭借他主管的部门处处凌驾于法律之上,与政府为难。是的,他们也承认国会的权威,但只是在国会举行会议时才承认国会的权威,国会一闭会,他们就不承认了;他们藐视法庭,对抗法庭的判决;他们个个都是小暴君,虽说他们没有篡夺主权,但不会不压迫公民,不会不肆无忌惮地侵犯公民的权利和自由。

我认为这是使波兰长期处于混乱的无政府状态的第一个主要的原因;我觉得只有一个办法能消除这个原因。这个办法不是用政府的力量去支持个别的法庭对抗那些小暴君,因为政府的力量有时候会被乱用,有时候会被更高的权力加以控制,从而造成许多混乱的局面,甚至引起内战。正确的办法是:用全部行政权的力量去武装一个受人敬重的和永久存在的集体(例如参议院),通过它的权威把那些试图摆脱控制的官员约束在他们的职权范围以内。我觉得这个办法肯定能收到成效,不过,这个办法实行起来也是很危险的,而且它遇到的危险是不可避免的,因为,正如

[①] 瑞典国王古斯塔夫三世在当时被视为一位开明的国君,在瑞典进行了一系列政治改革,并请卢梭撰文评述他的改革计划,但卢梭没有应允,因为他认为这位国王的改革方案不符合《社会契约论》的论点,因此,他说他"已经不再把瑞典人民看作是不受枷锁束缚的民族"。——译者

七、维护体制的方法

《社会契约论》中所说的,[①]任何一个拥有行政权的集体都将无止无休地力图压制立法权威,而且或迟或早都将达到它的目的。

为了避免这一弊端,有人[②]建议你们把参议院分成几个委员会或几个部门,每一个部门由一个长官掌管;这位长官及每个委员会的委员在任满规定的任职年限之后就更换或与其他部门的成员对调。这个主意也许是好的,圣皮埃尔神甫[③]也提出过这样的建议,并在他的《大臣联席会议制》中对他的主张作了详细的阐述。这样有一定任职年限划分的行政权将更加听命于立法权,各个行政部门将更加受到深入细致的制约。不过,不要太相信这个办法了,因为,如果各个部门都是这样分离的话,它们之间不仅缺乏协作,而且还会互相掣肘和互相对抗,直到最后其中一个部门占据上风,凌驾于其他部门之上,何况即使它们能互相协调与合作,它们也不可能像同属一个国会的几个委员会那样运作起来像一个集体那样有一个共同的目标;如果既要它们很好地保持各自的独立又要它们很好地协作和保持平衡,这在我看来是不可能的,而且,到头来必

---

① 《社会契约论》中是这样说的:"由于个别意志总是不断地违反公意,所以政府一直是在不断地努力对主权进行抵制;这种努力愈加强,则体制的改变就愈多。由于这里没有任何团体意志与君主的意志相抗衡,因此迟早总有一天君主会对主权者进行压制,并破坏社会公约。这一不可避免的固有的弊病,从政治共同体诞生之时起,就一直不断地趋向摧毁政治体,同衰老和死亡终将摧毁人的身体是一样的。"(卢梭:《社会契约论》,李平沤译,商务印书馆2012年版,第95页)——译者

② 指马布里。韦洛尔斯基也请马布里为波兰的政治改革提供建议;马布里写了一份《论波兰的政府与法律》,文中提出了卢梭在这里评述的这个意见。——译者

③ 圣皮埃尔神甫(1658—1743):法国宗教界中的政论家,1743年他去世后,巴黎名媛杜宾夫人请卢梭整理其未出版的遗著;卢梭看完其全部作品后,撰写了《〈圣皮埃尔神甫的永久的和平计划〉摘要》、《评〈永久的和平计划〉》和《评皮埃尔神甫的〈大臣联席会议制〉》三篇文章。——译者

然会出现一个核心或中枢,把各部门的力量都集中起来压制主权者。当今各个共和国的政府就是这样分成几个部的;开始的时候各个部是各自独立的,而不久以后就不能独立行事了。

像这样分成几个委员会或几个部,是现代人发明的。比我们更善于保持自由的古代人,是不搞这一套的。罗马的元老院统治半个世界,也没有这样划分过,而且始终没有压制过立法权的行使,尽管元老是终身制。在罗马,法律的效力,由监察官来保证;人民的自由,由保民官来保证;执政官不由元老院选举。

为了使政府能坚强有力地运作,顺利地达到它的目标,全部行政权就必须集中掌握在政府手里,不过,单单是更换掌握权力的人,这还不够,还必须使这些人在立法机关的监督下行动;他们的行动必须受立法者的指导。这是使政府无法篡夺立法者的权威的秘诀。

只要国会经常集会,并经常更换代表,则参议院或国王就很难压制或篡夺立法权。值得一提的是,到现在为止,波兰的国王还没有表现过使国会少开会的企图,其原因,倒不是因为他们像英国的国王那样由于缺钱而不得不经常召开国会。波兰国王之所以让国会经常举行会议,据我推测:不是由于事情已经发展到处于危机状态,国王的权力不足以应付;便是由于国王自以为可以玩弄权术笼络大多数代表听从他的命令了或者是由于他也有"自由否决权"[①],可以阻止不合他心意的提案,并可随时解散国

[①] 自由否决权:在16—18世纪的波兰国会,一个提案无论有多少代表投票赞成,只要有一人不同意,就可一票否决。——译者

会。当这几个原因不存在了,国王或参议院就肯定会单独或两者联合起来,想方设法尽量不召开国会。你们千万要小心提防和制止的,就是这种情形。我提出的方法是独一无二的好方法,实行起来也很简单,而且一定见效。我在《社会契约论》中①已经把这个方法讲得很清楚了;我感到奇怪的是:在《社会契约论》发表之前,谁都不曾想到过这个方法。

大国最大的难处(正是这个难处使人民的自由难以保持)是:主权者不能自己在国会发表意见,而只能通过代表发表。② 这样做,有坏处也有好处,但坏处多于好处。立法者③虽不会集体被腐蚀,但容易受欺骗。想欺骗它的代表,虽然很难,但要腐蚀他,则很容易,例如英国的国会和你们自己国家的国会就有人一受贿就滥用自由否决权。你们可以提醒容易受骗上当的人,但你们怎么

---

① 见《社会契约论》第3卷第13章《怎样保持主权权威》:"除了因意外的情况而举行的特别会议以外,他们还需要举行绝对不能取消或延期的固定的和按期举行的会议,以便人民在规定的日子可以按照法律合法地举行会议,而不需要经过任何其他的召集手续。……至于合法集会的次数的多少,这要根据许多因素来考虑。这一点,是无法明确规定的。我们只能这样一般地说:政府愈有力量,则主权者便愈应经常集会表示自己的意见。"(卢梭:《社会契约论》,李平沤译,商务印书馆2012年版,第102页)——译者

② 请参见《社会契约论》第3卷第15章:"同主权是不可转让的道理一样,主权也是不能由他人代表的。主权实质上就是公意,而意志是绝对不能由他人代表的。它要么是自己的意志,否则就是别人的意志,中间的意志是没有的。人民的议员不是而且也不可能是人民的代表,他们只不过是人民的办事员罢了,在任何事情上都没有最后决定之权。任何法律,不经过人民的亲自批准,都是无效的,都不能成为一项法律。英国的人民以为他们是自由的,他们简直是大错特错了。实际上,他们只是在选举议员期间才是自由的,议员一选出,英国的人民就成奴隶了,就什么也不是了。"(卢梭:《社会契约论》,李平沤译,商务印书馆2012年版,第106页)——译者

③ 此处的"立法者"指主权者,即人民。——译者

能防止卖主求荣的人呢？我虽然对波兰的情况不完全了解，但我敢向你们断言：波兰国会中的明智之士已经没有了，议员的道德已丧失殆尽了。

行贿和受贿，是把卫护自由的机构变成奴役人民的工具的根源；我认为，防止这个可怕的弊病的办法有两个。

正如我已经说过的，第一个办法是经常召开国会，并经常更换代表，使行贿和受贿之事难以得逞，而且代价甚高。在这方面，你们的制度比英国的制度好，即使你们将来取消或修改自由否决权的行使，我认为，也不会引起多大的变化，何况还可使那些想在接连两届国会里当代表的人难于达到他们的目的，从而打消他们想多次当选的企图。对于这一点，我在后文还将谈到。

第二个办法是严格要求代表们必须按照给予他们的指示行事，并向他们的授权人详细汇报他们在国会做了些什么工作。在这一点上，我对英国人的那种漫不经心和放手不管的态度，感到十分吃惊，我敢说他们真是愚蠢透了；他们把最高权力交给他们的代表之后，竟没有提出任何一项办法制约代表在七年任职期间对权力的行使。

我发现波兰人对他们的国会代表的重要性尚不十分了解，也不十分清楚该对代表们交代些什么工作，更不明白他们在扩大代表们的权力并使它具有一种明确的形式之后，他们能从中得到些什么。至于我，我认为：如果说联盟拯救了祖国的话，则保护祖国的职责便应由代表们来承担，他们是维护自由的真正的帕纳丝。①

---

① 帕纳丝：神话故事中的特洛伊城的保护神（一座木雕女神像）。——译者

七、维护体制的方法

省议会给代表们的指示,必须详细,不仅要详细列出让他们提请国会列入议事日程的事项,而且还要对国家或省中当前需要办理的事情叙述得十分清楚;这件事情,在省议会议长的主持下,由多数票当选的议员组成的委员会负责办理。代表们只有在此项指示在会上宣读、讨论并全体一致通过后,才能离开会场。此项指示,除了原本(原本连同代表任职证书,交给代表)以外,还应当预备一个有他们签名的副本交国会档案处存档。代表们在国会闭会后,一回到省里就应当把他们在国会如何完成交代给他们的工作向听证委员会(这个委员会是绝对要成立的)详细汇报。听证委员会根据代表的汇报确定他们是继续担任或不担任代表。如果听证委员会对他们的汇报感到满意,认为他们圆满地完成了交代给他们的任务,便正式宣布他们继续担任代表。此项考核极其重要,无论多么细致和严格地进行都不为过。代表们应当时时注意:作为代表,他们在国会所说的每一句话和所做的每一件事,都早已在授权者的注视之下,授权者对他们的评语,对他们的前途和国人对他们的看法,将产生十分重大的影响。代表们必须深深知道:人民之所以选派代表到国会,不是让他们在国会发表他们个人的意见,而是让他们表达人民的意见。在监督代表尽职尽责方面,以及在防止来自各方面的腐败行为方面,这一严格限制都是必不可少的。不论人们怎么说,我认为,这种做法并无任何不妥之处;不过,由于代表们不可能毫无疏漏地详细了解政府的行政工作,对于那些未料到的事情更不知情,所以,即使一个代表在这些事情上发表了什么意见,只要他不是故意违背授权者的明确指示,授权者就不应当责怪他作为一个好公民在他们未料到的或未决定的事情上发表意见。最后,我要指出:即使这样严格要求代表执行人民给予他们的指示,会有某些不便之处,但一想到它与执行法律的巨大好处相比,这一点点不便之处,就算不得什么了,因为法律毕竟是人民意志的真正表达。

采取了这些办法之后,国会和省议会之间就不会发生什么法律权限的冲突了。一项法律在国会全票通过后,省议会就无权抗议。如果它们的代表渎职,没有尽到职责,它们可以惩罚它们的代表,甚至可以砍下代表的脑袋,但它们必须完全服从,不能例外不执行,更不能提什么抗议;它们要责怪,只能责怪它们没有选好代表,只能在下一次国会上想怎样发牢骚就怎样发牢骚,如果它们认为该发牢骚的话。

国会既然经常召开,每一次国会的会期就用不着太长;如果是审议一般的国事,我觉得六个星期就够了。但不幸的是:主权者自己给自己设置了许多障碍,尤其是当主权直接掌握在人民手中的时候,障碍还会更多。但愿把一般的国会的会期规定为六个星期,至于是否是因为审议特别事项而需要延长会期,那就由大会决定,因为国会的性质决定了它超越在法律之上,如果它说"我要继续开会",谁又敢说"我不同意你继续开会"呢?把任期延长到两年以上的情况,只有一次,[①]但现今的国会不会这么做,因为它的任期即将届满,新一届国会即将从第三年开始上任。国会虽然是无所不能的,它可以毫无困难地在两届国会之间规定一个很

[①] 据波兰历史记载,1788年开幕的国会自称"大国会",在原定的两年任期届满后,宣布它要延长任期,文中所说的"把任期延长到两年以上的情况只有一次",指此。——译者

长的休会期，但这条新的规定要从下一届国会才开始实行，而制定这条规定的这届国会不可能从中得到好处。以上所说的这些论点，已在《社会契约论》中详加论述了。①

至于特别国会，只要社会秩序良好，除了紧急情况需要召开以外，是很少召开的。当国王认为需要召开的时候，他必须确信有此必要，不过，即使是需要，那也不该由他来宣布，这时候，是否应当由参议院来宣布呢？在一个自由的国家里，人们应当时时提防侵害自由的事情。如果联盟存在的话，它们在某些情况下可代替特别国会；如果你们要废除联盟，那就需要对特别国会制定一项特别的法规。

想用法律规定特别国会的会期，而且要规定得合情合理，我觉得这是不可能的，因为会期的长短，完全取决于召开特别会议所要讨论的事情的性质。在通常情况下，会议的进行必须迅速，不过，是否能迅速，是和所要讨论的事情有关的。由于所要讨论的事情不属于一般事情的范围，所以对会期的长短不可能预先确定，因而会议只好一直进行到情况发生变化为止，或者进行到正式的国会开会，从而停止特别国会继续进行。

为了节省国会的宝贵时间，就应当尽可能减少浪费时间的空发议论的会议。毫无疑问，会议的进行不仅需要按一定的程序和规则，而且还需要十分严肃和遵守一定的礼仪。我希望你们对这

---

① 参见《社会契约论》第 3 卷第 13 章："一切其他不是由负有这种责任的行政官按照规定的程序召集的人民集会都是不合法的；在这种集会上决定的一切，都是无效的，因为召集会议的命令，其本身就应当是按照法律发出的。"（卢梭：《社会契约论》，李平沤译，商务印书馆 2012 年版，第 102 页）——译者

一点给予特别的重视。我希望你们认识到：议员们带着武器进入神圣的法律的殿堂①是一件极其粗野和不雅观之事，是对神圣的法律的殿堂的亵渎。② 波兰人啊，难道说你们比罗马人更崇尚武力吗？在罗马共和国大动荡期间，就从来没有一个人带着佩剑走进人民大会场或元老院。我还希望你们在审议重要事项的时候，要尽量避免去做那些在其他时间做更为合适的事情。例如资格审查委员会对代表们的资格进行审查，就是一件很浪费时间的事情。这倒不是因为此项审查本身不重要，而是因为这件事情在代表们当选的地方做起来更合适和更详尽，因为他们在他们当选之地更为人们所了解，而且有他们的竞争者从旁监督。他们当选的有效性，由他们的选区和派遣他们的省议会审查起来更方便，而且像对审计官和高等法院的法官的任职资格的审查那样，花的时间也少得多。经过省议会的审查之后，国会就可对他们所持的代表任职证书不再进行讨论而直接承认他们的资格了。这样做，不仅可以防止推迟推选议长的时间，而且尤其可以防止参议院或国王给推选工作制造麻烦，防止他们对他们不喜欢的议题说三道四。在伦敦发生的事情，对波兰人来说，是一大教训。我知道那个威尔克斯③只不过是

---

① 法律的殿堂：指国会。——译者
② 当时，代表们，尤其是大贵族，身带佩剑进入国会的现象已习以为常。卢梭认为这是对神圣的法律殿堂的一种亵渎。——译者
③ 威尔克斯(1727—1797)：英国下议院议员，因发表了一本讽刺英国国王和英国政府对西班牙的外交政策的小册子，于1761年被逐出下议院。1769年再次当选为下议院议员，但下院不承认他当选的合法性，因而未能进入国会。关于威尔克斯，卢梭在《山中来信》中提到过，请参见卢梭：《山中来信》，李平沤译，商务印书馆2012年版，第267页。——译者

一个爱制造麻烦的人,然而他被逐出下议院一事,开创了一个先例,从此以后,在下议院就只讨论宫中应接受的事情了。

应当首先从慎重选择在省议会有投票权的人开始做起。就这一步工作而言,可以很容易地甄别哪些人可以作候选人。威尼斯的"言行记录簿"是一个值得仿效的例子,因为它有一套简单易行的办法。在每一个小区有一本非常详细的登记册,把每一个符合进入省议会的条件的贵族都登记在案。在他们达到法定年龄后,就把他们登记在选区的候选人的名单中,并把那些因故落选的人的名字一一注销,并详细记录注销的原因。根据这些正式记录,就可让人们对入选省议会的成员以及他们当选的理由了解得一清二楚了,对这个问题的讨论的时间,就可大大缩短了。

在国会和省议会举行会议的时候,当然是需要有良好的秩序的,不过,有一件事情我觉得无论重说多少次都不为过;这件事情是:千万不可让两种互相矛盾的事物同时并存,你们须知:秩序固然重要,但自由却更珍贵。你们愈用一些条条框框来限制自由,这些条条框框便愈会演变成篡夺权力的手段。所有一切你们用来防止在议会中"乱放炮"的手段,尽管本身是好的,但都将或迟或早地被用来压制自由。所有一切长篇大论或废话连篇的发言当然是不好的,是只会浪费许多宝贵的时间的,但是,当一个好公民认为有重要的意见要发表而发言,则是一件大好事。在国会中,一旦有人想发言而不让他畅所欲言的话,那他就只能说一些讨好权贵的话了。

在代表的任免方面经过这番改革之后,那些废话连篇的冗长发言和喋喋不休地向国王表达忠心的吹牛拍马的话,就一定会少得多了；此外，为了防止某些人东拉西扯地说一些言不及义的空话，你们可以严格要求每一个发言者必须在他发言的开头就首先陈述他想提出的意见的主要内容，并在申述他提出这些意见的理由之后，就像法院的法官那样简要归纳一下他的结论。这样做，即使不能压缩发言的长度，但至少可以制约那些为发言而发言和没话找话说的人，不让他们把时间都浪费在说空话上。

我不太清楚波兰国会是按什么方式批准法律的，但我知道，根据前面所说的理由来看，波兰国会的方式与英国国会的方式是不同的。波兰的参议院有行政权，但无立法权；凡是涉及法律的事务，参议员都只能以国会的成员的身份投票，而不能以参议院的成员的身份投票。在这两个机构中，都是按人头计算票数的。也许是由于自由否决权的使用，所以才消除了这一区别，然而，一取消了自由否决权，这一区别就非常需要了，何况一取消了自由否决权，就剥夺了代表们的一大优势，所以这一区别就更加需要，因为我不认为参议员，尤其是各个部的首长，享有这一权利。波兰国会代表的否决权，有点儿像罗马保民官的否决权，不过，罗马人并不是以公民的身份行使这一权利，他们是以罗马人民代表的身份行使这一权利的。在波兰，有失去自由否决权之虞的，是国会；而参议院不会有此损失，因此，它反而有所得。

此外，我还发现波兰的国会有一个缺点需要改正；这个缺点是：参议员的人数几乎同国会的代表的人数一样多，参议员在会上的影响力太大；由于他们在骑士团中享有一定的威信，因此可以以微弱的多数票占据优势。

我之所以说这是一个缺点，是因为参议院在国会中是一个特

七、维护体制的方法

殊的群体,其群体的利益必然与人民的利益有所不同,甚至在某些方面与人民的利益是相反的。然而,作为公意的明确表达的法律,是众多个人利益综合与平衡的结果。由于群体的利益的比重太大,所以必然会打破平衡,因此不能让群体中的人各个都可投票;[①]每一个人只投一票,每一个群体(不论是什么群体)也只能投一票。如果参议院在国会中的比重太大的话,它不仅在国会中要多争取它的利益,而且还会使它的利益占据首位。

对于这个缺点,你们有一个天然的纠正办法,这个办法是增加代表的人数,不过,我担心这个办法实行起来会引起许多同民主国家的骚乱差不多的动荡[②]。如果绝对需要改变这个比例的话,我觉得,与其增加代表的人数,倒不如减少参议员的人数。我始终不明白:既然每一个省都有一个省长,为什么还要有省督办。不过,你们要永远记住这个重要的法则:切莫在没有必要的时候进行改变,既不缩减什么,也不增加什么。

我认为,最好是设立一个人数较少的委员会,让这个委员会的成员享有更多的自由,而不要增加国会代表的人数和限制他们发言的自由(因为人数太多,发言便不得不受到限制)。对此,我要补充

[①] 请参见《社会契约论》第 2 卷第 3 章中的这段论述:"为了使公意能更好地得到表达,就不能允许国家之中存在小集团,并让每个公民按照他自己的想法表达他自己的意见。"(卢梭:《社会契约论》,李平沤译,商务印书馆 2012 年版,第 33 页)——译者

[②] 这段话中的"民主国家",指古罗马共和国。对于文中所说的发生在罗马的"骚乱",卢梭在《社会契约论》中是这样评述的:"罗马的人民大会里发生的骚乱,大部分都是由于不知道或者忽视了这一法则引起的。这时候的执政官只不过是替人民主管某一部门的官员,保民官只不过是普通的议长,而元老院则什么也不是。"(卢梭:《社会契约论》,李平沤译,商务印书馆 2012 年版,第 104 页)——译者

一点：凡事都要既考虑到好的一面,也要考虑到坏的一面,目前,你们切不可让国会想增加多少人数就增加多少人数,这样,你们才不至于在你们为了国家的富强而终于使城里的人都成了贵族并解放了所有的农奴的时候,能有朝一日有条不紊地选举新的代表。

为了达到这些目的,我们要另辟蹊径,寻求一个纠正这一缺点的办法,而尽量不要去变动现在的格局。

所有的参议员都是由国王任命的,因此,他们是国王的"产物",此外,他们还是终身制,而终身任职的参议员必将形成一个独立于国王和骑士团之外的群体,而且,正如我已经说过的,这个群体有它自己的利益,并倾向于篡夺主权。你们不要责怪我在这里发表的意见是自相矛盾的,说我一方面不把参议院看作是共和国的一个等级,但另一方面又把它看作是一个独立的群体,我这就自相矛盾了嘛,因为这两者是完全不同的。

首先,你们必须剥夺国王任命参议员的权力,其原因,倒不是由于担心他因拥有这个权力(这个权力其实并不大)便可操纵参议员,而是由于他拥有这个权力,便可对那些想当参议员的人产生影响,并通过这些人对全国人民产生影响。除了国家体制中的这一变动带来的效果以外,还有另外一个难以估量的好处,那就是:这样做,一方面可以消除贵族们向国王献媚取宠的坏习气,另一方面可以培养他们的爱国主义思想。如果由国会任命参议员,我认为不仅没有什么不便之处,而且还有许多用不着我在这里详细叙述的显而易见的巨大好处。其实,对参议员的任命,这个工作在国会是一次就可以完成的；或者,先在省议会中就各自的省区提出一定数目的候选者,由国会从其中挑选合适的人,也可从其中挑选一小部分人由国王去任命。至于每个省的省长，为什么不可以让各省的省议会干脆利落地一次就选定了呢？你们在波洛克、威特布斯克和斯塔洛斯特·德·萨莫吉提这三个省的这种选举方法中可曾发现有什么不便之处？把这三个省的这一做法推广到每一省，使之成为普遍的做法，这有什么不好呢？你们千万要记住：为了尽量消除由于地域广袤，或者说得更确切一点，由于你们国家的疆土太大而必然产生的弊病，必须使波兰的体制向联邦的形式转变。

其次，如果你们能使参议员不终身任职，那就可以大大消除他们为了群体的利益而篡取主权的图谋。不过，这件事情做起来是有许多困难的。首先，对那些经常操纵政务的人来说，眼见自己没有犯什么过错就一下子降为平民，心里必然是很不舒服的；其次是因为一当了参议员，就同省长和省督办及地方当局有联系，把一个享有这些尊荣与权势的人从永久的职位一下子就降到另一个职位，势必会引起混乱与不满情绪。何况此种变动不能扩大到各个教区的主教，更不可扩大到各个部的首长，因为这些人的工作需要有一定的专长才能担任，不是任何人都能完成的，再加上：如果只让各教区的主教终身任职的话，则已经过大的教士的权威，[①]还将大大扩大，必须用也是终身任职和不担心撤职的参

---

① 在《社会契约论》第 4 卷第 8 章，卢梭指出了教士权威过大的危害；他说："凡是在教士形成一个共同体的地方，则教士就会成为自己的教区的主人和立法者。"对于这一点，他加了一个脚注："必须着重指出，把教士们结合成一个共同体的，不是像在法国的那种形式上的集合，而是教会的领圣餐。领圣餐和被逐出教会，就是教士们的社会公约。有了这个公约，教士便永远是人民和国家的主人。"（卢梭：《社会契约论》，李平沤译，商务印书馆 2012 年版，第 149 页）——译者

议员去加以平衡。

对于各种各样的不便之处，我所想到的补救办法，就是这些。我希望第一排的参议员继续终身任职；这样做，就可以除了主教、省长和第一排省督办以外，使所有的八十九位参议员的职位都不变动。

至于第二排的省督办，我觉得他们的任职应有一定的期限，或者每两年与国会代表同时进行一次选举；或者，如果你们认为合适的话，相隔的时间更长一点也可以，但无论如何任期一届满就必须离任，只是在国会为了使他们希望继续任职的人再次当选的情况下，才能继续留任。如果出现这种情况的话，我认为，他们再次当选留任的次数也要有一定的限制，而且只能按照我在后文谈到的办法进行。

至于头衔问题，这不难解决，因为这些头衔几乎都起的是其他的作用，而不是为了在参议院任职，所以可以毫无困难地解决这个问题。你们最好是简单地称他们为"国会参议员"，而不称他们为"国会代表级的参议员"，在体制改革之后，拥有行政权的参议院，可以在有一定数目的参议员出席的情况下经常集会，而国会参议员也可以按一定的人数轮流参加他们的集会。不过，我在这里不详谈这个问题。

通过这一难度不大的改革，国会代表级的参议员或国会参议员就真正成了国会的代表，可以对参议院起制衡作用，并在代表大会中加强骑士团的力量。这样一来，终身参议员尽管变得更加有力了，但由于取消了他们的否决权，并削弱了国王的权力，再加上有些部的首长已成了代表，因此，终身参议员就不可能在国会中占统治地位。由一半是有一定任期的参议员和一半是终身参议员构成的参议院就可以尽可能好地成为国会与国王之间的协调者,而且它本身既稳定得足以制约政府的行政,又对法律依赖得必须按法律行事,才能发挥它的力量。我觉得这样做法很好,因为做起来很简单,而且能产生很大的效果。

为了消除否决权的弊端,有人建议你们不按代表的人数计票,而按省议会的数目计票。这一变动尽管有它的好处,对联盟也有利,但在采纳以前,还是应当慎加斟酌,因为按团体计票总是不如按个人计票那样更符合共同的利益。① 何况在一个省议会的代表中,总有一个人在会上的发言胜过其他人,使大多数人都赞同他的意见,像他那样投票;反之,如果每个人都单独投票的话,则大多数人就不一定赞同他的意见,就不一定像他那样投票了。这样一来,那些徒逞口辩和愚弄他人的人就无机可乘,就知道应当如何公正发言了。此外,最好是让每个代表都单独对自己的省议会负责,以便谁也不把责任推给别人,而且一眼就可看出谁做得对和谁做错了。对于这样松弛连带关系并使每次召开的国会都有使国家陷于分裂之虞的办法,当然是有许多反对的理由的,但这个办法是可以使代表们更加按授权人的指示行事,从而既带来许多好处又无任何不利之处的。按照这个办法,在表决的时候,就不采用投票的方式,而采用大声宣告的方式,以便使每个代表在国会的一言一行都为人知晓,后果由他自己负责。关于投票

---

① 卢梭认为:当国中出现小集团的时候,"就不再是有多少人就投多少票,而只能是有多少小集团就投多少票。分歧固然是减少了,但结果却不是公意了。"(卢梭:《社会契约论》,李平沤译,商务印书馆 2012 年版,第 33 页)——译者

的问题,我在《社会契约论》中已详细论述[①],因此在这里就用不着重复了。

至于选举,人们也许首先觉得在每届国会中一下子就选出那么多国会参议员,那是相当困难的,何况像我所说的办法那样,定期从许许多多人中选出如此之多的代表,困难就更大了。我认为这个困难是很容易解决的,只需这样办就行了:在选举前夕,向每位选举人发一张印有编号和全体候选人名字的选票,第二天选举人一个接一个地来到投票箱前,按照选票上的说明,在他想选的人和不想选的人的名字上打上记号,把选票投入选票箱中。在所有的选举人都把选票投入票箱之后,由议长在出席的代表中当场指定的两位监票员的监督下当众计算票数。这个办法花费的时间是如此之少,进行起来又如此简单,使参议院的人选在一次会议上就可以毫无争议地选出来。是的,在确定候选人名单方面,还需要制定一些规则;但这个问题留待适当的时间另行讨论。

以下让我们来讨论那位主持国会并以主持人的身份而成为法律的最高执行者的国王。

[①] 见《社会契约论》(李平沤译,商务印书馆2012年版)第4卷第2章《论投票》和第4章《论罗马人民大会》——译者

八、论国王

一个国家的领袖如果成了自由的天敌,那就是一件大坏事,因为他本该是自由的保卫者。[①] 不过,我认为这件坏事并不是由于这个位置而如此之固有,以致不能摆脱,或者至少使之减弱这一恶果。无空子可钻,就不会产生贪心。想办法使你们的国王无法篡取权力,你们就会使他们无非分之想了,他们就会把他们想奴役你们的念头转变成治理你们和保护你们了。波兰的政治家们,正如韦洛尔斯基伯爵先生所说的,虽曾打算遏制国王损害人民的手段,但不曾想到遏制他们笼络人的手段,因而使他们至今仍享有任意赏赐宠幸的特权。困难在于:遏制他们的这一权力,就好像是剥夺了他们的一切,因此是不妥当的,是无异于不要国

[①] 照理说,一个国家的领袖"本该是自由的保卫者,"但事实上往往不是。对于这一点,卢梭在《社会契约论》中是这样分析的:"各国的君主都想成为绝对的,而人们远远地大声告诉他们:要做一个绝对的国王,最好的办法是使自己受到人民的爱戴。这条法则很好,而且在某些方面是很有道理的。然而不幸的是,它在各国的王宫中却受到嘲笑。来自人民爱戴的力量无疑是比其他力量大的,但它是不稳定的,而且是有条件的;从来没有任何一个君主对之感到过满足,就连最好的国王都想大施淫威,永远做人民的主人。政治说教者枉自对国王们说什么人民的力量就是他们的力量,国王的最大利益是人民繁荣昌盛和力量强大,然而国王们非常清楚:这不是真的。因为,国王的个人利益首先在于把人民弄得很软弱,很贫穷,永远不能抗拒国王。"(卢梭:《社会契约论》,李平沤译,商务印书馆2012年版,第80页)——译者

王了。我认为,像波兰这样一个大国,是不能没有一个国王的,[1]也就是说不能没有一个终身任职的首领。只要一个国家的首领不是一个十足的无能之辈,因而没有什么用处,否则,他或多或少总能做些事情。不过,不论他做的事情是多么少,其结果,不是给人民带来好处,便是给人民带来害处。

目前,参议院的成员全都由国王任命,这太不妥当了。即便使他对参议员的任命无权过问,这也不够。虽然英国贵族院的议员也是由国王任命的,但他们并不怎么依附于国王,而且,一当上了贵族院的议员,他的职位便可由他的后人承袭,而波兰的主教、省议员和省长只是在有生之时占有他们的地位,而在他们死后,则由国王另外任命他人。

我曾经说过:我觉得各省省长和终身省督办最好是由他们各自的省议会任命;第二排的督办则由国会任命,并有一定的任期。至于主教,我觉得,除非他们改由教士大会选举,否则就很难剥夺国王任命他们的权力,因此我觉得:除了格涅兹诺[2]的大主教自然是由国会任命以外,就把任命其他主教的权力留给国王好了。至于各个部门的首长,尤其是大将军和大审计长,尽管他们的权力是用来与国王的权力相抗衡的,但也应当随着国王权力的缩小而缩小。我认为让国王拥有任命他的宠信担任这些职务的权力,是不妥当的;我认为,只能让他在国会提出的一小部分人中挑选。虽说国王把这些职位给了他人之后,就不能随意撤换他们,因此

---

[1] 参见《社会契约论》第 3 卷第 3 和第 6 章关于君主制只适合于大国的论述。——译者

[2] 格涅兹诺:从 15 世纪起,该城就被定为波兰大主教的常驻地。——译者

就绝无可能指望担任这些职务的人替他效力,但让他行使的任命这些人的权力确实是够大的,虽未大到足以改变政局的地步,但可使他有改变政局的图谋;应当不惜一切代价防止的,就是他的这一图谋。

至于大法官,我认为应当由国王任命。国王是人民天然的法官;他们之所以被拥戴为国王,就为的是行使这一职务。尽管他们各个都有背离法律的行为,但不能因此就剥夺他们的这一权利。虽然他们不亲自办案,但他们有权任命代他们行使这一职务的人,因为以他们的名义作出的判决,是由他们负责的。正因为他们不能亲自办案,所以国家才派人替他们办;这种做法更好,因为不是由国王而是由大法官主持的最高法院就处在全国人民的监督之下了。由省议会任命其他各级法院的法官,是合乎道理的。如果由国王亲自办案的话,我认为,他就应当有单独裁决之权。好在不论是什么案件,只有断案公正,才符合他的利益;如果断案不公,滥用权力,那绝对是对他不利的。

至于其他显赫的头衔或位置,无论是什么公爵还是什么伯爵,都只不过是荣誉的,名气大,但用处不大,就让国王爱怎么封赏就怎么封赏;他可以褒奖某些人的品德,也可以满足某些人的虚荣心,但就是不能给他们以实权。

王位的尊严,可以讲求一定的排场,但因此而支出的费用,则尽量让国王少出。国王的侍从都由共和国发薪水,而不由国王支付他们的工资,但这笔钱应相应地从国王的年俸中扣除,尽量让金钱的支付不经国王的手。

有人建议你们实行王位世袭制。我敢向你们断言:如果制定了这项法律,则波兰人民就将永远失去自由了。他们说:对国王的权力加以限制,就可以保障人民的自由。然而他们没有认识到:用法律规定的限制,将随着时间的推移和一步一步的篡权行为而被跨越;连续不断地由王室成员继承的制度最终必将胜过由于自身的性质而必然是日趋松弛的法律的规定。虽说国王不能单用好听的空话哄骗大人物,但他可以用由其继承人保证兑现的诺言笼络他们。由于王室成员的话将与王室同时永远存在,所以人们都会相信他的承诺一定会实现,而不会像选举的国王那样,随着国王的死亡便落空。波兰人民是自由的,因为每一个新王都要在老王驾崩之后间隔一段时间才登基;在此期间,人民又恢复了他们的权利,获得了新的力量,从而可阻止各种弊端的蔓延和篡权行为的继续进行,而法律又将重新发挥它原本的效力。请大家想一想:如果一个家族的人一登上王位,就不间断地由他家的人永坐宝座,在先王驾崩与新王登基之间的间隔期里,只让人民享有一种有名无实的自由,而且一上台就背离历代国王在登基之时都信誓旦旦地要遵守但一转身便忘得一干二净的誓言,则《波兰会典》(这是波兰人民的保护神)又将变成什么样子呢?丹麦的情况是你们亲眼见过的;英国现在的情况,你们也是了解的,而不久以后瑞典也会发生同样的情况。你们要从这些事例中吸取教训:无论你们采取多么多的预防措施,在一个国家中,王位的世袭与自由始终是互不相容的。

波兰人历来是倾向于主张父传子的王位世袭制:由父亲传位给儿子,或者传给亲等最近的近亲,尽管事实上新王应由选举产生。如果波兰人民继续按这种倾向行事的话,那必然会或迟或早使他们犯一大错误:使王位成为世袭的,到那时,他们根本不可能像日耳曼帝国[①]人民长期抵抗皇帝的权力那样与波兰王室的权力作斗争,因为波兰人民本身没有足够的平衡力量使一个由世袭制产生的国王处于从属于法律的地位。尽管帝国有好几个人很有实力,但是,如果没有查理七世幸而当选的话,则《帝国条例》必将像本世纪初那样成为一纸空文;同理,当王室的权力随着时间的推移而巩固到把一切都掌握在手中的时候,《波兰会典》将更加变得比一纸空文还一纸空文。总而言之一句话,在这个问题上,我的看法是:对波兰人来说,一个由选举产生的国王即使拥有绝对的权力,也比一个几乎手中毫无权力的世袭的国王好。

我不仅不赞成制定这种后患无穷的王位世袭的法律,而且不要提出一项相反的法律;这项法律一通过,就可永远保证波兰人民的自由。我主张制定的,是这样一项基本大法:禁止国王把王位传给他的儿子,并规定国王的儿子永远不能登上王位。我在此申明:如果需要的话,我就提出这项法律,然而,由于我心中还有另外一个无需这项法律也能达到同样目的的办法,所以我在这里暂不详谈这项法律的内容,而让我说明一下我的另外一个办法的优点,即:由于这个办法的实施,不仅波兰王室的子孙不能继承王位,从而保证波兰人民的自由,而且还将产生这样一个巨大的好处:一方面永远消除国王篡夺这项把王位传给其子的权力的企图,另一方面还可使他把他的精力用来为国家谋求昌盛和富强;如果他们想有所作为的话,就只能有此作为。这样做,国家的首

---

① 即日耳曼神圣罗马帝国。——译者

领就不再是人民的自由的天敌,而是国家的第一号公民;他将建立伟大的功业,使他在位之时受到人民的爱戴和邻国的尊敬,并名留后世。按照我的办法,除了不让国王拥有危害人民和笼络其宠幸的手段以外,你们可以适当地增加他可以用来为公众谋幸福的权力。他单独直接行使的权力应当小,而他用来监督各级官员的权力应当大,以便促使各个部门尽忠职守,共同努力,奔向政府施政的目标。按照我的办法,他作为一国之君特有的使他忙得不可开交的职责是:主持国会和参议院的会议,严格监督各级官员的言行,维护各级法院的公正和廉明,维护国家的秩序与安定,使国家在国外有一个良好的形象,并在战时指挥军队,而各项行政事务的细节,则交给各部的负责人去处理。你们必须知道,波兰国王把他的任何一部分权力交给他的宠信去行使,都是犯罪;他的工作要么亲自办理,否则就放弃。这件事情很重要,全体波兰人民都不可等闲视之。

立法部门和行政部门的权力,也应当按照相似的原则厘定。掌握在这两个部门的权力,应当与它们成员的人数成正比,而与他们任职的时间成反比。国会各个部门的人员也应当尽量按照这个比例安排。人数最多的国会,其权力应当最大,但其成员则应当经常更换;而人数较少的参议院,可享有一小部门参与立法的权力,但参与行政的权力则可大一些。这两个地位极高的部门的成员,其中一部分有一定的任期,而另一部分则是终身制。主持全局的国王可依然是终身任职,有很大的监督权,但在立法方面,他的权力应当受到国会的限制;而在行政方面,他的权力则应受到参议院的限制。为了维护平等(这是体制赖以建立的原则),

则除了贵族的头衔以外,其他一切都不能世袭。如果王位世袭的话,那么,为了保持平衡,则贵族院的议员的席位便也应当像英国贵族院议员那样世袭。这样一来,被降低了地位的骑士团就会失去其权力,国会的议员也将没有每年审核和制定国家预算之权,结果,波兰的宪法就被彻底推翻了。

九、使国家陷入无政府状态的几大原因

国会的各个部分，如果都按这样的比例适当安排的话，那它就会成为一个良好的立法和行政的推动力；而要实现这一点，国会的命令就应当受到尊重和遵循。法律何以会遭到蔑视？波兰何以会至今仍处于无政府状态？其原因是一看就明白的。我在前面已经指出了它的主要原因，并提出了救治的方法。至于其他的原因，我认为：第一是自由否决权的随意行使，第二是联盟的行动不协调，第三是军人滥用你们允许他们有私自指挥军队的权力。①

最后这个弊端是如此之严重，如果不首先消除的话，则其他一切改革都是没有用处的。只要个人有抗拒政府的力量，他就会认为他有抗拒政府的权利。一旦在他们之间发生了斗争，国家怎么能太平呢？我承认，要塞之地是需要有人去守卫的，但为什么要修建那么多在镇压公民方面很有力量而在抵抗敌人方面却不堪一击的要塞呢？我担心这项改革经不起困难的考验，但我也不相信这个困难是无法克服的，因为，一个爱国的公民即使明白的

---

① 据记载，有些军人简直成了军阀，私自养兵达几千人之多；他们养的士兵，只听从他们的指挥，而不服从国家的命令。——译者

九、使国家陷入无政府状态的几大原因

事理不多,但他也将毫不犹豫地表示他本人不需要什么士兵,尽管别人养了那么多兵。

关于军队的问题,我打算在后面谈,因此,在这里就不详细谈这个问题了。

自由否决权的本身并不坏,但若过度使用,它就会成为流弊之中最有害的流弊。它本来是公众的自由的保证,但如今却成了压迫人民的工具。要消除这一其害无穷的弊端,就必须根除产生这一弊端的原因,然而,由于人们的心中对个人特权的重视,总是比对人民大众的利益的关注更有过之,[①]因此要想根除这一弊端产生的原因是很困难的,只有用由人生的经历养成的爱国心,才能教导人们为了大众的利益而牺牲这一因过度使用而变得十分有害的特权。全体波兰人都应当对这一使他们备受苦难的自由否决权深恶而痛绝之。波兰人民是热爱秩序与和平的,但是,只要他们让这一权利继续使用,他们就既不可能维护秩序,也不可能享受和平。这一权利,在政治体制健全的时候使用,是好的,但是,只要还有许多应兴应革之事要办,若频频使用它,那就有害了,何况想使一个国家没有应兴应革之事,那是不可能的,尤其是

---

① 关于个人利益与公众利益在官员们的心中占有的地位,卢梭在《社会契约论》中是这样评述的:"在一个完善的立法体系里,个别意志或个人的意志等于零,是不起任何作用的。政府本身的意志完全是从属的,因此只有公意即主权者的意志始终占主导地位,是其他各种意志应当遵循的唯一标准。

然而按照自然的秩序,情况却恰恰相反,在这些不同的意志中,哪个愈是能集中,哪个便愈趋活跃。因此,公意总是最弱的,团体的意志居第二位,个别的意志则占据这几种意志的首位,结果,政府的每个成员首先是他自己,然后是行政官,再往后才是公民,这和社会秩序要求的顺序正好相反。"(卢梭:《社会契约论》,李平沤译,商务印书馆2012年版,第70页)译者

一个被野心勃勃的邻国环绕的大国更不可能没有应兴应革之事要进行了。

如果自由否决权只是在有关体制的基本问题上使用,那还不至那么不合理,如果在国会所有的会议中都普遍使用的话,那就错了。自由否决权是绝对不能这样滥用的。立法与行政的职权区分不甚明显,这在波兰的体制中是一大弊病。行使立法权的国会插手某些行政部门的工作,既以主权者的身份又以政府的身份行事,甚至有时候其成员既是官员又是立法者,这就更加不合适了。

我提出的改革办法有助于加强这两个权力机构之间的区别,从而可以更好地规定自由否决权的行使范围。我不相信有人会主张把这一权利运用到纯属行政部门的工作;如果真有人主张这么做的话,那就无异于取消人民的主权同政府的职权之间的界限了。

由于各种社会都享有自然权利,因此,任何政治体和基本法都需要全体一致通过,才能产生,[①]例如1768年伪国会[②]制定的第一部法律以及后来的第五部、第九部和第十一部法律,就是这样。这几部法律需要一致通过,才能建立;它们的废除,也需要一致通过才能废除。正是在这些问题上,自由否决权可以继续存在和使

---

① 请参见《社会契约论》第4卷第2章:"只有一种法律由于其性质而必须全体一致同意才能通过;这个法律是:社会公约。……讨论的问题愈重大,则应采纳愈是接近全体一致的意见。"(卢梭:《社会契约论》,李平沤译,商务印书馆2012年版,第119和第121页)——译者

② 此处的"伪国会"和后文的"非法国会"指1767年10月5日召开并于1768年3月5日休会的"华沙特别国会。"——译者

用,而且,既然不是完全取消自由否决权,可见,曾经没费多大周折便使1768年的非法国会缩小了这一权利的波兰人能毫无困难地在更自由和更合法的国会中限制这一权利的使用了。

对于一切类似基本法那样的重大问题,你们都应当慎加考虑;只是在这些重大问题上,你们才可允许使用自由否决权。这样,你们就可使你们的体制得到巩固,使它的法律成为不可违背的。因为,让政治体给自己制定一些它不能违背的法律,那是不符合它的性质的,[1]但是,像当初那样庄严郑重地废除这些法律,就既不违反其性质,也不违反理性。你们将来要承受的锁链,就只有这么一条。这样做,就足以一方面巩固你们的体制,另一方面又可满足波兰人爱使用自由否决权的习惯,而且还可在今后避免它从前产生的那些弊病。

你们在基本法之外,还那么荒谬地定了许多单独的法规,并使它们与基本法混为一体,[2]而没有考虑到这些单独的法规以及标题为《国务条例》的法规,都将因世事的变迁而必须时时加以修改,而且无需一致通过就可以修改。同样荒谬的是,无论讨论什

---

[1] 关于这一点,《社会契约论》第1卷第7章《论主权者》是这样论述的:"尽管公众的决定可以使所有的人服从主权者,但由于每个人都要受两个不同的关系的制约,所以不能以相反的理由要求主权者约束其自身。因为,要求主权者给自己制定一条它不能违背的法律,那是违背政治体的本性的。"(卢梭:《社会契约论》,李平沤译,商务印书馆2012年版,第21页。)——译者

[2] 从《社会契约论》第2卷第12章《法律的分类》看,基本法与其他法律是有区别的:基本法考虑的是"整个共同体对其自身所起的作用,也就是说全体对全体的比率或主权者对国家的比率。"而民法考虑的是"成员之间或者说成员与整个共同体之间的关系。"(卢梭:《社会契约论》,李平沤译,商务印书馆2012年版,第60—61页)——译者。

么事情,只要有一个国会成员不乐意,就可以阻止讨论的进行;只要有一个或几个代表退席或提出抗议,就可解散国会,从而破坏主权的权威。我认为,应当废除这一往往被人滥用的权利;谁若再试图滥用,就应当严加惩罚。即使有需要对国会提抗议的事情(只要国会是自由的和完善的,这种情况就不会发生),这个权利也只能由省议会和州议会行使,而决不许可作为国会成员的议员行使,不许可他们对国会的权威有丝毫的破坏,更不许可他们不服从国会的决定。

否决权是立法机关的成员拥有的最大的个人力量,只能在事关真正的基本法时才能使用,而"多数票"的力量是最小的,只能表决简单的行政事务,因此,在否决权与"多数票"之间可以有不同的比例;你们可以根据这个比例,视问题的重要程度而决定哪一方的意见占上风。[①] 例如,在事关立法的问题上,至少需要四分之三的赞成票才能通过;而在国家大事上,至少需要三分之二的赞成票才能通过;只是在选举和其他日常事务上,只需多数人投票赞成就可通过了。以上所说,只不过是为了说明我的意见而举的例子,而不是我认为就按这个比例办为好。

在波兰这样一个人人都具有大才智的国家里,人们也许可以在无太大风险的情况下保留这个威力无穷的自由否决权,而且,只要你们能想办法使人们认识到这个权利行使起来有危险,使试

---

① 关于这一点,《社会契约论》第4卷第2章《论投票》是这样说的:"事情愈是需要迅速解决,则规定的票数之差就愈应缩小;在必须立刻做出决定的讨论中,只需超过一票就可以了。"(卢梭:《社会契约论》,李平沤译,商务印书馆2012年版,第121页)——译者

九、使国家陷入无政府状态的几大原因

图利用这个权利的人知道他将承担严重的后果,说不定保留这个权利还会带来好处:我敢断言,如果真有人在他破坏了国会的议事日程,并使国家陷于绝境之后,还能眼见他给公众造成了许多苦难,而竟然无动于衷和问心无愧地拍手称快的话,此人必定是个疯子。

如果一项几乎全体一致通过的决议,只有一个持反对意见的人将它否决了,我认为,他必须以他的人头作担保,对他的这一否决票负责,不仅在省议会中对他的委托人负责,而且还要对全国人民负责(因为他给全国人民造成了伤害)。我主张用法律规定:在他提出反对意见之后六个月,由一个专门为此事而由全国最贤明和最受尊敬的人组成的特别法庭郑重审理。这个法庭不仅不能简简单单地宣布"不予起诉"就免除了他的责任,而且还必须不是对其处以决不缓期执行的死刑,便是对他颁发一项终身荣誉奖;这两项判决,只能二者取一,而不能做任何折中的处理。

这样一种如此之有利于鼓舞勇敢精神和对自由的热爱的办法,现代人竟然对之一点也不感兴趣,因此,不可能指望得到他们的采纳和赞许;而古代的人对这种办法却十分了解,他们用这种办法来提高人们的觉悟,并在国家需要的时候,用这种办法来激励人们发扬真正的英雄精神。在法律极其严峻的共和国时代,[①]有许多勇敢的公民在祖国危难之时,即使牺牲自己的生命,也敢于提出能挽救国家的建议;只要能在关键时刻挽救国家,即使投下这一否决票有生命之虞,他们也毫不畏惧。

---

① 指古罗马共和国时代。——译者

请允许我在这里斗胆谈一下我对几大联盟的看法,并直言我不赞同某些学者的意见。他们只讲几大联盟造成的害处,而我们则要着重讲一下它们消除的害处。谁也不否认几大联盟是共和国中行事很暴烈的组织,但对一些需要不惜一切代价医治的沉疴,是要用猛药才能救治的。波兰的联盟就如同罗马的独裁制;[①]它们都在国家危急的紧要关头使法律停止行使,但这两者之间有这样一个很大的区别:与罗马的法律和政府的精神完全相反的独裁制,最终摧毁了罗马政府,而波兰的联盟却恰恰相反,它们只不过是一种以极大的努力巩固已经动摇的体制的手段,因而有利于加强国中已经松弛的联系,而不会使之遭到破坏。这样一种联邦式的组织的形式,起初也许有一个偶然的原因,但在我看来确实是一种政治杰作。凡是在充分享受自由的国家里,它都不断遭到攻击,经常有被取消的可能。每一个自由的国家在遇到意外的大危机时,都有覆亡之虞,只有波兰人在遇到这样的危机时,能找到新的办法维护国家的宪法。我很担心:如果取消了这几大联盟,波兰在没有它们之后还能否继续长久存在。请看一看最近在你们国家发生的事情。没有这几大联盟,你们的国家早就被人征服了,你们的自由也就永远丧失了。难道你们想使共和国失去这一把它拯救过来的手段吗?

切莫以为取消了否决权和恢复了多数表决制,联盟就变得没有用处了;以为有了多数表决制,就什么事情都好办了。事情没有这么简单。因为只有联盟手中的行政权可以使它们在极端需

[①] 关于罗马的独裁制,请参见《社会契约论》第4卷第6章。——译者

九、使国家陷入无政府状态的几大原因

要的时候具有一种国会所没有的可以便宜行事的威力,而国会行动迟缓,程序繁多,稍有一点儿不合程序的行动,就会违背体制的规定。

在应对紧急情况方面,国会是无能为力的,只有联盟才是维护国家体制的盾牌和国家体制的保护者。我认为,只要联盟存在,你们政府的体制就不会被摧毁,因此,必须让联盟继续存在,只不过对它们的作用需要加以调整。如果所有一切弊病都没有了,则联盟也就变得几乎没有用处了;你们政府的改革,应当以此为目标。只有在发生紧急情况的时候,才需要动用联盟的力量;对于动用联盟力量处理的事情,必须事先要规定一个范围。这样做,就不仅无需取消联盟,而且相反,还需明确规定它们在什么情况下才能合法地行动,明确规定它们的行动方式和应达到的效果,以便尽量使它们的行动有合法的依据,而不至于受到任何干扰和牵制。甚至很有可能出现这样的情况:只需一件事情,就可使整个波兰立刻结成大联盟,例如外国军队虽不公开打仗,但找个借口开进波兰,这时候,波兰就可立刻结成全国联盟,因为,不论外国军队以何种借口开进波兰,即使是在波兰政府同意下开进波兰,波兰人在自己国家结成联盟都不会被看作是对他国的敌对行为,此外,只要国会不论因何事故而不能在法律规定的时间举行会议,只要国会在开会期间,有人(不论他是什么人)唆使军人出现在它开会之地,或者改变它的议程,或者迫使它休会,或者妨碍它的自由,总之,在这些情况发生的时候,波兰人民就可结成全国大联盟,而各省的省议会都将被看作是它的分支机构,它们的议长都应服从大联盟选出的首席议长。

十、行政

我不打算详细谈行政方面的种种细节,因为我对之不甚了解。在这里,我只对财政与军队这两个部门讲几点我应当发表的看法;我深信我的看法是很好的,尽管它们也许得不到人们的赞同。在陈述我的看法之前,请先让我谈一下你们与波兰政府的精神不甚相符的司法系统。

在古人当中,是没有"佩剑的人"和"穿袍服的人"[①]这两等人的。公民之所以称为"公民",不是由于其职业是士兵或者是法官或教士,而是由于其职责使然。古人之能使所有的人全都奔向共同的目的,并防止等级观念植根人心而泯灭人们爱国的精神,不让荒谬的言论误导人民的思想,其秘密就在于此。法官的职位,不论是在高等法院还是在地方法院,都是一个短暂的考核性工作,因这根据考核的结果来评估一个公民的才能与品行,以决定是否将他晋升到他能够胜任的更高级别的职位。这样一种让每个人都自己严格要求自己的办法,使法官们各个都处处留心,生怕受到人们的议论;每个人都在自己的岗位上廉洁奉公,尽忠职守,在罗马鼎盛时期,有些人就是这样从法官升迁为执政官的。

---

① "佩剑的人"指骑士和军人;"穿袍服的人"指法官和教士。——译者

正是因为有了这个办法,所以,尽管罗马只有几部简单的法律和少数司法人员,但法院的工作仍然开展得很好,法官们享有解释法律的权威,并在必要时凭自己的良知断案。再也没有什么事情比英国人在这个问题上采取的防范办法更可笑的了。为了防止随意审案和断案,他们使法官们受到千百种不公正的甚至十分荒谬的判例的束缚,而且让各级法官层层复审,没完没了地驳来驳去,把人弄得精疲力尽;他们以为这样才是依法断案,结果,把他们的法律变成了一个庞大的迷宫,把人弄得晕头转向,不知如何是好。

需要制定的法律有三部:一部政治法,一部民法和一部刑法。① 这三部法律都应当制定得尽可能简明和严谨。这三部法律不仅在高等学校讲授,而且在一般学校里也要讲授。有了这三部法律,就不需要其他法律了。自然法的一切规则在人们心中的刻画之深,远远胜过查士丁尼②的那一大堆废话。只要你们能使人们为人诚实和品德高尚,我敢保证他们一定会遵纪守法的。必须让所有的公民,尤其是那些担任公职的人,都要认真学习国家的成文法和个别法规,因为他们是受这些法规管束的。他们将在这些法规中领会到自然法的精神。所有的贵族在被登录在国会代表候选人的花名册之前,都要经过对这些法规尤其是政治法的考试。这一考试不能简单地走一下过场;如果考试的成绩不合格,他们将被淘汰,但允许他们复考,直到考试合格为止。至于罗

---

① 请参见《社会契约论》第 2 卷第 12 章《法律的分类》。——译者
② 查士丁尼:东罗马帝国皇帝,公元 527—565 年在位时,曾下令编纂《学说汇纂》等典籍。——译者

马法和习惯法,虽说它们现在还存在,但不能拿到学校与法院中去讲授和应用。除了国家的法律以外,你们就不承认其他的权威。国家的法律在全国各省都是相同的,以免因不统一而发生争执。凡是法律不能解决的问题,就凭法官的良知与廉明来秉公处理。可以肯定的是,官员们都知道他们现在的职位只不过是为了晋升更高的职位的考核,因而就不敢做出人们担心的渎职行为;即使他们真的有渎职行为,那也比那一大堆互相矛盾的法律产生的弊端小得多。互相矛盾的法律一多了,不仅会使案件审来审去难以结案,而且还会产生凭一时的心血来潮而任意断案的流弊。

我在这里针对法官发表的意见,不仅完全而且更有理由适用于律师。这一如此受人尊敬的工作,自从成为一门职业以后,就变质了,就变得受人轻视了。律师应当是他的委托人的第一个法官,而且是最严厉的法官。他的地位,应当像在古罗马时代那样,尤其应当像现今在日内瓦那样,是跻身官员的最初一个阶梯;律师在日内瓦十分受人尊敬,而且也值得受人尊敬:他们是候补官员,他们都谨小慎微,生怕做出招致公众指摘的事情。我主张所有担任公职的人都从这个岗位做起,然后迁升到其他岗位,这样,就可避免有人试图永远当律师,把律师变成一种不仅可挣大钱而且不受人监督的职业。这个方法完全可以满足人们的这一愿望:让家境富裕的公民的孩子都当一段时间的受人尊敬的律师;这个想法,我待一会儿再详细阐述。

顺便说一件事情(既然想到了,我就要说)。你们在骑士团中实行替代继承和长子世袭财产制,这是违背平等精神的。法律始终应当致力于缩小财富和权势的巨大悬殊,以免领主与一般贵族之间的差别过大，而且有愈来愈大之势。你们根据年租的金额来确定一个贵族应当拥有多少土地才能进入议会，我发现这样做有利也有弊，但由于我对你们的国情尚不十分了解，所以我无法比较这利与弊的后果，不敢对这个问题下什么结论。当然，一个在议会有投票权的公民是应当拥有一些土地的，但我不主张硬性规定他必须拥有的土地的数量。太重视财产的拥有，岂不就不重视人了吗？唉！由于一个绅士的土地少甚或一点土地也没有，他就不能自由或不高贵了吗？他的家境贫穷是罪恶吗？甚至罪恶严重到使他因之便失去了他的公民权利吗？

你们要千万记住：绝不可让任何一项法律成为没有效力的一纸空文。如果某项法律真的成了可有可无的，或者已经变坏了，那就要么正式废除它，否则就让它继续有效。应当按照这条基本的法则行事：对所有的旧法律都重新进行审定，把不妥当的法律都通通废除，而需要保留的法律，则一一加以重新批准。在法国，"休谈国事"已经成了一条人人皆知的金科玉律；专制君主要的就是大家都这样对一切都噤若寒蝉，什么话都不说。可是在自由的政府治理下，这样做，就会削弱法律的力量和动摇国家的体制。法律以少为好，但须让人一看就明白，更重要的是应当得到大家的严格遵守。凡是没有明文禁止的弊病，就让它们继续存在也无妨。在一个自由的国家里，谁按法律办事，谁的手中就掌握了一件令人望而生畏的武器：第一个对这件武器感到害怕的，是国王。总而言之一句话，什么坏事都可以容忍，就是不能容忍破坏法律的威力，因为，法律的威力一被破坏了，国家就陷入无法救治的境地了。

十一、财政

波兰应当采取什么样的经济政策,这取决于它在改革其国家体制方面所要达到的目的。如果你们一心想成为一个锣鼓喧天、大讲排场和大张声势并对欧洲其他各国产生影响的国家,我告诉你们,这样的国家在欧洲有很多呢,你们就学它们的样子好了。你们就大力发展科学、艺术、商业和工艺,建立常备军、大城堡和大学院,尤其要建立一个大金融系统,使金钱大量流通,使金钱越来越多,使你们越挣越想挣,使金钱成为须臾不可离开之物,不仅因此而大讲物质享受,而且还要追求与物质享受分不开的精神享受。你们用这个方法就可以把波兰人各个都培养成诡计多端、贪得无厌和凡事都想大干特干的人,而且使他们同其他国家的人一样,成为见人就打躬作揖的骗子,终其一生,不是穷得无立锥之地,便是富得家财万贯;不是生活浪荡,便是受人奴役,而不能过平平常常的日子。你们的人民如此,而他人却把你们看作是欧洲的强国,在各种各样的政治格局和会议中都让你们扮演一个角色,要与你们结成同盟,而且,只要欧洲一发生战争,就没有一次不把你们也拖进战场:战争的结果,如果你们走运,你们也许可以要回原先的领地,甚至还会得到一些新的土地,这时候,你们就会高兴得像皮鲁士[①]或俄国人那样,也就是说像小孩子那样说:"当全世界都属于我的时候,我就可以大吃蜜糖了。"

反之,如果你们想把全国人民都培养成热爱自由与和平并行事理智的人,既不怕谁,也不求谁,而且一切都能自给自足,生活得很幸福,那么,你们就应当采取一个全然不同的办法:使你们国家的风气日趋纯朴,人人志趣高雅,精神昂扬但无野心,勇敢而不自私,喜欢田间劳动和生活必需品的制作,使金钱变得虽然不是毫无用处,但并不是那么非有不可;人们首先考虑的是发奋图强,为国家建立功勋。是的,按照这个办法去做,你们的报纸上不会天天报道你们这个庆典或那个大会的消息,哲学家们也不会吹捧你们,诗人也不歌颂你们,在欧洲也很少有人谈论你们,甚至还会有人装出一副看不起你们的样子,然而你们将过着真正富裕和自由平静的生活,而且谁也不会来同你们吵架;你们即使不面带怒容,人家也怕你们。我敢保证:无论是俄国人还是其他国家的人,都不会自讨没趣地到你们国家来充当主人;即使他们真的来了,他们也会急着撤回去。切莫把上段讲的办法和本段讲的办法混在一起;这两个办法是如此之彼此矛盾,以致,如果合而为一的话,必然是两者都达不到目的。因此,你们要慎加选择。如果你们选取第一个办法,那你们读到这里就停止,就别再读我的书了,因为我在后文讲述的,全是按第二个办法进行的事情。

[①] 皮鲁士(公元前318—前272):埃及鲁斯国国王。据说,他的谋臣西内阿斯在听完了他想入非非的计划以后就问他:"既然从今以后一定要受许多的折磨和痛苦才能征服世界,那么,征服了世界又能获得什么真正的好处?"关于皮鲁士的故事,请参见卢梭:《爱弥儿》,李平沤译,商务印书馆2012年版,第338—339页。——译者

是的，在你交给我的文件中，的确有一些很好的经济方面的主意。但我发现它们有这样一个缺点：它们有利于富人之处，多于对国家的繁荣。对于一切新的办法，切不可只满足它们眼前的效益，而需要预见到它们将来必然产生的后果，例如变卖领主采邑的计划和所卖得的款项的使用方式。我认为，在用金钱就什么事情都可办到的欧洲各国执行起来很容易。然而，你们的办法本身是不是好？能不能顺利达到目的？金钱真的是战争的支柱吗？富国被穷国打败和征服的事例，在史书上有的是嘛。金钱真的是一个好政府的原动力吗？你们须知，钱财这个东西是现代才这么时兴的，我认为它没有多大好处，也没有什么了不起。古代的人连"钱财"这个词儿都没有听说过；①他们用人力建造的东西也很雄伟嘛。金钱顶多只不过是人力的替代物，但替代物并不就是真物嘛。波兰人啊，让我把那些钱交给别人去使用，你们手中只需有一点点儿钱就够了，因为别人对你们的小麦的需求，比你们对他们的黄金的需求大得多。请相信我的话：你们最好是生活富裕而不过于富有，宁可生活充实而不腰缠万贯。只要你们精心耕种你们的土地，其他什么事情都不去管，你们用不了多长时间就会仓盈库满，这样做，比求人家供给你们缺少的油和酒好多了。你们采取这个办法，只要稍微努一点力，波兰就会富起来，就会富得什么都不缺。要想永久生活得幸福和自由，你们需要的是多动脑筋，多用心思和力气。一个国家的富强和民族的昌盛，全靠这些。

---

① "'钱财'这个词是奴隶的用语，在城邦里是没有这个词的。"（卢梭：《社会契约论》，李平沤译，商务印书馆2012年版，第105页）——译者

金钱只能造就出一些利欲熏心的人；只要人们一产生大捞其钱的念头,他们就会坑蒙拐骗而不以诚实的方法去挣钱了。金钱往往会被人悄悄地挪作他用:本来是用来做某种事情的钱,却被挪用去做另一件事情;掌管金钱的人不久就会掌握一套挪用金钱的办法;你们派去监督他们的人,不久就会与他们同流合污,通同作弊。只要银钱的收支笔笔都很清楚,金钱的流通公开而不隐蔽,那就再也没有什么其他的东西比金钱更便利于用来雇人服务和用来鼓励人们勇于任事和忠于职守了。然而,金钱的流动如今都是隐蔽的,因此,用金钱比用任何其他东西都更容易使人变成骗子和大肆损害公众利益和自由的恶棍。总而言之一句话,就我所知,在推动政治机器奔向其目标方面,金钱的力量很小,而且很难成功;但在导使这部机器背离其目标方面,金钱的力量却很大,而且十之八九都能成功。

我当然知道:只有利益才能驱使人行动。但是,人们须知:金钱的利益是一切利益之中最容易使人腐败堕落和产生恶果的利益。我在此再说一次而且永远坚持认为:在那些对人心有深刻了解的人看来,金钱是最微不足道的东西。是的,在每个人的心中都有许多强烈的追求,但是,如果一心只追逐金钱的话,则其他一切应当积极努力实现的目标就会被湮没无存。财迷心窍的人是没有任何一样严格意义的追求的,他之所以贪财如命,纯粹是由于他有某些隐忧,只要有办法不用金钱也能消除他的那些隐忧,则他对金钱就不会那么感兴趣了。

公家的开销是不可避免的。这,我完全同意。不过,最好是用其他的东西支付,而不用金钱。今天,在瑞士,对所有各级官员和各种雇员都发实物;公家对他们的土地只征收十分之一的税,并发给他们酒和木柴等实用的东西;他们领取这些东西的时候,都感到很体面。至于各种各样的公共劳务,他们都是采取派公差的办法完成的。国家几乎不花一分钱。也许有人会说,对军队的士兵就需要用金钱发军饷了;这个问题,我们以后另谈。当然,瑞士的办法并不是没有缺点,因为它有时候会造成一些损失和浪费,而且实行起来也很麻烦,尤其会使那些负责这项工作的人感到不快,因为他们发现这使他们没多大油水可捞。但不可否认的是,把它和它所免除的弊病相比,它的那一点点儿损失和浪费就不算什么了!一个人想从中舞弊,也没有空子可钻;他稍有一点点贪污的行为,就不可能不被人发现。有人以伯尔尼邦的法官为例,反驳我的说法。我倒要问一句:人们为什么对他们那么怨声载道?因为他们强要人用现金交罚款嘛。这样一种随意确定罚款金额的办法,其本身就是一大错误。如果用实物交,就不会有什么怨言了嘛。勒索的钱财容易私吞,而一堆一堆实物就无法私吞了。单单在伯尔尼一个邦用这个办法聚敛的钱,比瑞士全国收的罚款还多十倍,由此可见伯尔尼的做法很不公平嘛。你们放眼看一看世界各国人民和各国政府,没有一件道德败坏和政府腐败的事情不是由金钱引起的。

也许有人会说:在瑞士,人们的财富大体上是平等的,所以政府可以精打细算地安排它的收支;可是在波兰有许许多多的豪门和达官贵族,他们的花费很大,政府需要征收大量的金钱才能供养他们。这种说法,完全不对。波兰的达官贵族的私产收入已经是很多的了,只要他们不奢侈成风,他们的消费就可大大减少,何况减少了消费,也不影响他们同财富较少的人的地位的差别;对他们的劳绩,可奖之以荣誉头衔和更显赫的职位。在波兰,正是由于等级不平等的现象十分突出,所以可以想办法使身为贵族的人更看重荣誉而少看重经济利益。国家只要妥善地逐级安排这些纯荣誉性的职位,就不仅有了一个不至于使国家陷于困难的办法,而且还可把许多大人物都改造成公民。在一个以荣誉为重的民族中,这类荣誉职位是不计其数的,但愿全体波兰人都能从中得到一个他应当占有的位置。啊,这样一个完全以道德来区分人的高下的国家,是很幸福的!

  国家是不应当用金钱来奖赏人的;用金钱来奖赏人,有诸多缺点:奖金的授受不够公开,不被人看在眼里和记在心里,奖金一发就立刻不知去向了,就不留下任何一点让人一见就足以鼓励人们努力向上的痕迹了。我认为,所有一切官阶、职位和荣誉奖励都应当有某种供人识别的标记,绝不允许任何一个有身份的人隐姓埋名地微服私行:他走到哪里,表示他的身份的标记就跟随到哪里,以便不仅使人们尊重他,而且也使他自己尊重自己,使他显得比富人更尊贵。一个富人只不过是一个有钱的人而已,是不会被虽贫穷但有头衔的公民看在眼里的;他在社会上既不受人尊敬,也生活得很不愉快;如果他想在社会上显身扬名的话,他就必须为祖国服务,力争做一个无可指摘的和有社会地位的人;他必须知道,只有得到公众的赞许,他才能在社会上获得一个席位,而一受到公众的谴责,他就会失去这个席位。以上所说,是如何削弱富人的势力和培养洁身自爱的人的办法。我一直认为并深信不疑地认为:你们的邻国特别是俄国,将千方百计地贿赂和收买你们国家的官方人士;你们政府的当务之急是:使政府的成员各个都成为不可能被腐蚀的人。

如果有人说我想把波兰人全都变成清心寡欲的教士,我将首先回答说:这些人的这种说法不符合法国人的讲说道理的方法,而是在插科打诨说笑话:说笑话并不等于讲道理。其次,我将回答说:切莫把我的看法说成是我的意图和理由;我并未主张完全禁止金钱的流通,而只是主张把它流通的速度放慢一点,尤其重要的是,我提醒大家:切不可把一个良好的经济体系只看作管好金钱的使用。莱格古士①虽然在斯巴达彻底消除了人们的贪财之心,但他并未完全废除金钱的使用,只是用铁来铸造钱币而已。至于我,我既不禁止用黄金铸造钱币,也不禁止用白银铸造钱币;我只是主张不要一切事情都非用金钱来办理不可,只是主张使那些没有金钱的人,虽然贫穷,但不至于沦为乞丐。事实上,金钱并不就是财富,它不只过是代表财富的符号而已;应当增加的,不是符号,而是它所代表的事物。尽管有些旅行家把英国的情况说得天花乱坠,但我发现,已经金钱成堆的英国人,如果单个对单个地同其他国家的人民相比的话,其贫穷的程度也不亚于其他国家的人民。假定我手中有一百个基尼②而不是有十个基尼,如果这一百个基尼不能让我过更舒适的生活的话,这一百个基尼的功用与十个基尼的功用又有何差别呢? 金钱所表现的富有,是相对的;一个人手里的钱数尽管没有变化,还是那么多,但因千百种原因

---

① 莱格古士:传说中的斯巴达国王,曾采取土地均分的办法来消除财富的不平等。——译者

② 基尼:英国的一种旧金币。——译者

而时时改变的关系,他很可能彼时是富人,而此时却成穷人了。但实物就不是这样了;实物可直接供人使用,具有不取决于市场的绝对价值。是的,英国人的比其他国家的人民都更富有,但不能因此就说一个伦敦的市民比一个巴黎的市民生活得更舒适。拿民族和民族相比,金钱多的民族当然是有他们的优势的,但这与个人的命运毫无关系;一个国家的人民是否兴旺,不取决于此。

你们应当大力发展农业和工艺制造业,不过,其目的不是为了使农民成为富人(他们富了,就不想再干农活了)而是使他们觉得从事农业是很光荣的和很愉快的。另外,还要兴办许多制造生活必需品的作坊,努力增产你们的小麦和增加你们的人口,有了这些,你们就什么都不用愁了。现在,欧洲各国都对粮食实行垄断政策,所以各国的粮食都将出现供不应求的现象,你们就可以把你们土地的剩余产品销往欧洲,给你们赚来更多的金钱,甚至多得你们用不完。不过,在满足了你们的需要之后,如果你们还想有更多的钱的话,你们就会觉得自己是穷人;反之,如果你们知足,打消这个想法,你们就会感到你们够富有了。我希望你们的经济政策本着这个精神行事。别指望哪个国家会来帮助你们,也别想靠商业赚大钱,而要把希望寄托在增产粮食和提高人们的消费水平上。一个自由的和廉明的政府自然而然地必然产生的结果,是人丁兴旺。你们愈是使你们的政府日趋势完善,你们的人口便愈是不期而然地增多。① 这样,你们便既没有赤贫,也没有巨富;奢侈之风和贫穷现象也将渐次一同消失。公民们在改掉了因巨富而产生的享乐思想和因贫穷而产生的恶习之后,必将把他们的心思用在为祖国服务上,就会把能尽忠职守看作是他们的幸福。

我希望你们多使用人两臂的力气而少动用他们的钱袋。修路建桥和公共建筑及为国王与国家服务等等,都采用徭役的办法,而不花钱雇人去做。这样一来,既省事又不会出现从中捣鬼的情形,而金钱一离开了人的手,就不知去向了,可是人干了些什么活儿,大家都是可看得见的,而且谁也不会强要谁去做超过其力气的事情。我当然知道:这个方法在奢侈成风和商业与工艺发达的地方是行不通的,但在一个有良好风尚的国家里实行起来是最容易的,是最有利于使人们保持纯朴之风的。这是又一个我主张采用这个办法的理由。

现在让我回过头来再谈一下领主的采地问题。我再次表示我同意你们的这种说法:出售采地所得的款项将收归国库的一项公积金,因此,从经济的角度看,这个计划是很好的。然而从政治和道德的角度看,我对这个计划是如此之不赞成,以致,如果你们已经把领主们的采地卖了的话,我希望你们把它们再买回来,把

---

① 关于这一点,卢梭在《社会契约论》中是这样说的:"假定所有其他条件都是相等的,一个政府,如果人民生活在其治理之下,不靠外来移民,不靠归化,不靠殖民,而能人丁兴旺,人数大增,那么,这个政府就是最好的政府;反之,如果在它的治理之下人口减少而衰败,那么,这个政府就是最坏的政府。"(卢梭:《社会契约论》,李平沤译,商务印书馆 2012 年版,第 94 页)——译者

它们作为给那些曾为祖国效过力的人发放年俸和奖金的基金。总而言之一句话,我希望:不要有什么公积金之类的东西了,因为没有什么事情是需要用金钱去办的嘛。我当然知道这是行不通的,但从政府施政的精神来说,是应当这样做的;再也没有什么事情是比售卖采地更违背政府的精神了。是的,共和国将因出售采地而富起来,但政府的活力也将因此而相应地削弱。

我承认,用我的办法管理国家的财产是比较麻烦的,尤其是当一切收支都改用实物而不用金钱的时候,经办人员就更感到麻烦了。然而,人们须知:这个办法的主旨是,用它来监督和考查经办人员的良知和觉悟,尤其是看他们是否廉洁,以便决定是否晋升他们担任更高级的职务。在这一点上,你们可以仿效里昂市政府的办法:谁想担任市里的工作,就必须从税务所的工作做起,从他在税务所的岗位上取得的成绩,来判断他是否可以晋升到其他岗位。再也没有什么人比罗马军队中的司务长更廉洁的了:当司务长,是将来当高级行政官的第一步。你们对那些担任可诱使人产生贪心的工作的官员,应当想办法使他们的上进心压倒贪财之心。这种做法所产生的最大效果,还不仅仅在于消除贪赃枉法的行为,而在于使奉公守法的人感到光荣;如果他因为为人廉洁而贫穷的话,他的贫穷应当受到尊敬。

有人说国家的收入不够它的支出;这个话我完全相信。他们还说:公民们一分钱都不愿意出,想要自由的人就不该当守财奴嘛,哪一个国家的自由不是用金钱甚至是花了高昂的代价去买的?他们以瑞士为例来证明他们的这些说法。然而,正如我已经说过的,在瑞士,公民们都亲自履行他们的职责,而其他国家的人民是花钱雇人去替他们履行。瑞士人各个都既能当士兵,又能当军官、政府官员和工人;只要对国家有利,他们什么工作都能做,甚至可以献出自己的生命,根本不需要花什么钱。如果波兰人也愿意这样做,他们也就会像瑞士人那样不怎么需要金钱了。如果一个像你们这样庞大的国家不按小共和国的法则行事,那它肯定就得不到按小国的法则行事的好处;不照小国的方法做,就无法取得它们的那些效果。如果波兰能像我希望的那样由三十三个省组成一个联邦制国家,那它就既可以有大君主国的国力,又有小共和国的自由,不过,为了要达到这个目的,你们就必须一改过去凡事都浮夸一气的做法;我很担心:这一点是你们最难做到的。

在几种征税的方法中,最简便易行的,无疑是按人头征税了,但这个方法也最具强行征收的性质,因此孟德斯鸠认为更适合于奴役。[①] 在古代只有罗马人征收这种税,而今天有几个共和国也征这种税,例如日内瓦就在征,只不过换了个名称叫做"队费"[②],而且只有公民和有产者才交,而一般居民和土著民则交另外一种税;这同孟德斯鸠的看法是恰恰相反的。

对一无所有的人征税,这是很不公平的和毫无道理的;按财产征税比按人头征税好得多。不过,对于那些需要花很多力气才能收到的税,就别征收了,尤其是对查获的走私物品,切不可采取

[①] 卢梭在《政治经济学》一书中也提到了这一点;他说:"在《论法的精神》中有这样两句话:按人头征税,更适合于奴役;按实物征税,更适合于自由。无可争辩的事实是:虽说按人头交纳的数目是一律平等的,但再也没有其他的税种比这种税更不成比例的了,尤其是以严格按照自由的精神确定的比例来衡量,就更不成比例了。"(《卢梭全集》,李平沤译,商务印书馆 2012 年版,第 5 卷,第 247 页)——译者

[②] 这里的"队",指日内瓦民兵的"连队"或"团队"。——译者

补交税款就放行的办法,因为这样做,就会使全国各地都会出现走私团伙和匪徒,败坏公民们的守法精神。对走私犯的罚款,必须多得使他们因走私所花的费用大于他们所获得的利益。至于那些容易隐藏的东西,如花边与首饰,则不宜采取征税的办法;与其禁止进口这些东西,不如率性禁止人们使用这些东西。在法国,有人竟公然鼓励走私,包税人以为走私的人愈多,愈对他们有利。事实上,这样做,是最糟糕不过的,是违背人的良心的。经验告诉我们:印花税对穷人来说简直是一种沉重的负担,对商业也不利,人人对它都有怨言;凡是实行印花税的地方,人们无不叫苦连天。我建议你们别想征印花税了。我觉得你们对家畜征税的办法很好,只不过要防止有人从中舞弊:所有一切舞弊的行为都是产生罪恶的根源。不过,必须用现金交这种税,这会给纳税人带来麻烦,而且征收的税款容易被挪作其他的用途。

  我认为最好的、最自然的和最能避免从中舞弊的办法,是按土地的数量征税。对所有的土地,无一例外都按沃邦元帅和圣皮埃尔神甫所说的那种比例征税,因为,有收益就应纳税嘛。所有一切王家的、教士的和一般平民的土地都应同样纳税,也就是说,按他们土地的面积和产量征税,而不论土地的主人是谁。要征收这种税,就必须先做一项需要花许多时间和费用的准备工作。这项工作是:进行土地普查。好在这项费用可以想办法不花,而且做起来也很方便:不按土地的面积收税,而按它的产量收;这样做,还更加公平。具体的做法是:按照适当的比例,像教士的什一税那样,从实际的收成中征收其十分之一的产品;为了避免零星交纳的实物存放的麻烦,你们可以像天主教的神甫那样,将所收的实物就地拍卖。这样,除了那些自愿按政府规定的税率以现金交税的人以外,其他的人按他们的收成交十分之一的实物就可以了。你们可以将这样收取的实物作为零售商品从但泽或里加出口到国外。这样做,不仅可省去一笔仓储管理的费用,而且还可避免那一大帮令人十分讨厌的经办人员从中舞弊。这样做,最大的好处是:不仅国家获得了现金,而公民也可无需用现金交纳税款。我要不厌其烦地指出:农民之所以感到人头税和其他各种税是他们的沉重的负担,就是因为必须用金钱交纳,必须先把他们收获的产品卖成钱之后交纳。

十二、军队的组建

在共和国支出的一切费用中,要数供养国王的军队支出的费用最多,然而这支军队所提供的服务,与他们的花费却不成比例。也许有人马上会反驳我说:为了保卫国家,就需要有军队嘛。这一点,我完全同意,如果这支军队真的能保卫国家的话。然而我发现这支军队从来没有保卫过国家不受外国人的入侵,我很担心它今后也不可能保卫国家不受欺凌。

波兰四周都是穷兵黩武的大国,它们都各自有一支庞大的训练有素的常备军,波兰即使倾其全力,也很难抵挡,用不了多长时间就会被打得一败涂地,沦入匪盗横行、国不成国的悲惨境地。何况即使波兰不沦落到这种境地,即使它想倾全国之力建立一支好军队,它的邻国也不会允许它这样做,也会在它的计划还没有完成之前把它摧毁的。你们不能这样做;如果波兰想学邻国的样子的话,它将永远抵抗不住邻国的入侵。

波兰人在天赋、政治制度、风俗习惯和语言等方面不仅与它周围的邻国不同,而且与欧洲其他国家也不同。既然如此,我认为,它在军队的建制、战术和训练方面也应当与它们不同。波兰军队就是波兰军队,而不似其他国家的军队,只有这样,它才能够达到它想达到的目标,它才能够根据自己的国情拥有它尽可大的力量。不可违背的大自然的法则是最强有力的法则,没有任何一种法律或政治体制不受这个法则的制约。想找到什么方法能保证你们不受一个比你们强大的邻国的侵略,这简直是在做白日梦;想征服他国和具有攻城略地的力量,这更是妄想,因为这是与你们的政治体制不相容的。谁想生活得很自由,谁就别想当征服者。罗马人是迫不得已才当征服者的,可以说他们是不由自主地成为征服者的,因为,对于他们政治体制的那些弊端,必须用战争才能医治。他们经常受到外敌的进攻,也经常战胜他人。在野蛮人中,[①]他们是唯一能遵守法纪的人,在不断的保卫自己的战争中成了世界的主人。可是你们的情况却如此之不同,你们根本无力抵抗任何一个攻打你们的国家;你们不仅没有侵略他国的能力,而且许久以来你们连自卫的力量都没有了;不过,你们很快就会有的,或者说得更确切一点,你们已经有了守住当前阵线的力量,虽然遭到侵略,但能保证你们不至于遭到毁灭,把你们的体制和你们的自由保存在它唯一的和真正的圣殿——波兰人的心里。

常备军是使欧洲灾祸频仍和人口锐减的原因。建立常备军的目的有两个:攻占他国领土和奴役本国人民。这两个目的,你们都不能有。凡是用来达到这两个目的的方法,你们都不可采取。有人说:一个国家不能没有保卫者;这,我知道;但它真正的保卫者是它的人民;每一个公民都有义务当兵,但谁也不把当兵当作一门职业。过去,罗马的军事制度就是如此,今天瑞士的军事制度也是如此;一个自由的国家的军事制度,尤其是波兰的军

---

① 野蛮人:古希腊人把其他民族的人都称作"野蛮人"。——译者

事制度更应当如此。由于你们没有钱雇用一支足够保卫波兰的军队,因此,在必要时全体居民都应当当兵,只有一支训练有素的民兵队伍才能担任这个任务。这支民兵队伍花钱不多,但却时刻都能做好为国家效力的准备,尽自己的全力为国家服务,因为,保卫自己的财产总是比保卫别人的财产更愿意多出力气的。

韦洛尔斯基伯爵先生主张每个省建立一个团,而且常年把这个团的官兵养起来。伯爵先生的这个主张似乎含有解散王家军队或者至少要解散它的步兵队的意思,因为,如果不这样做,则在负担王家军队的费用以外,还要负担这三十三个团的费用的话,共和国的负担就会过重。韦洛尔斯基先生的主张也许有它的好处,而且实行起来也很容易,但它将成为一项沉重的负担,而且很难防止其中的弊端。

我不赞成把士兵分散派到各个乡镇和村庄去维持秩序;因为这样做,必将使他们的风纪日趋败坏。士兵,尤其是那些职业兵,你们绝不可让他们个人单独自由行动,更不宜于用他们去监视公民。他们应当集体行动和集体宿营,有人管束,绝对成为他们长官手中的工具。如果对军队的监管稍一放松,其结果必将产生无数的暴力行为和扰民事件,士兵和居民彼此将成为仇人。各国的常备军都曾产生过这样的祸害;常川驻扎一个地方的队伍都会染上许多坏习气;这种坏习气是有害于自由的。罗马共和国就是由它自己的士兵摧毁的,因为它征服的地方离本国太遥远,所以必须让它的军队常驻异域,脱离了本国的监督,所以风纪败坏的事情时有发生。我再说一次:波兰人不应当看到某些对邻国也许是好的事情,便去学邻国。这种由于不同的体制而产生的相对的好事,到了波兰就会成为坏事。波兰人应当采取适合于自己国情的做法,而不应当采取别人的做法。

为什么在波兰不能建立常备军呢?因为对一个没有征服欲的国家的人民来说,常备军的害处比它们的用处大一百倍。为什么波兰应当像全民皆兵的瑞士那样建立一支真正的民兵队伍呢?因为国家只是在需要他们入伍的时候才征召他们入伍当兵。我承认,波兰的奴隶制不容许农民拥有武器;武器一到了奴隶的手里,对国家来说,那是危险多于用处的。不过,当奴隶获得解放的幸福时刻终于到来之时,波兰就会处处都成为城市,市中登记在册的居民在国家危急时编成军队,而在危急时刻一过,国家也无需花什么钱供养他们。这些居民中的大多数人都没有土地,就可以用服兵役的办法来代替他们应交纳的税金,而且兵役的分派可以很容易地做得合情合理,不至于使他们感到为难,因为他们全都经过充分的训练。

在瑞士,每一个已婚男子都必须有一套在节日穿的制服、一支长管枪和一个步兵应有的那套装备,并编入他所在的区的连队。在夏天,在每个星期天和每个节日,这些民兵都要按照命令进行操练;先是按班操练,然后按连队操练,最后按团队操练;只要一下命令,他们便按连队集合,然后分成小队进行步兵应有的各种操练。当他们待在家里的时候,他们便各自做个人的活计,不领国家一分钱;而一开始连队训练时,他们便领国家发给的一份口粮和军饷。决不允许任何人找别人顶替自己应受的训练或应服的劳务。在波兰这样一个国家里,完全可以从各省征召足够的人员组成民防队伍代替王家军队。对被征召的人至少每年都要轮换一小部分,这样,每十二年到十五年才轮到自己被征召,因此对每个人都不会造成沉重的负担。照这个办法进行,全国人民都可受到训练,在国家需要时就有一支精良的军队了,而且花费的钱粮比供养国王的军队少得多,尤其是在和平时期就更少了。

为了使这件事情办得很成功,就需要从改变公众的舆论开始做起,让大家都不把士兵看作一个为了生活而以每天五个苏①的代价出售自己的流民,而要把他看作一个为祖国服务和尽忠职守的公民,要使当兵同当公民一样光荣,要像在瑞士和日内瓦那样,最好的市民都感到,身为团队的士兵,与在市政府任职和成为执掌国政的国会官员同样神气。为此,在军官的挑选上,就不要从出身、社会地位和财产的角度来挑选,而只能以经验和才能为标准。再也没有什么事情比熟练使用枪支更受人尊敬的了;它使每个人都争相为了祖国而努力操练,练好本领,为他的家庭争光,为他自己争光;那些被临时用金钱雇来当兵的游民,是不会这样努力的,他们认为军事操练是又苦又累的活儿。我在日内瓦曾亲眼见过市民的操练比正规部队的操练认真得多,然而官员们却认为这样做,将使市民们养成一种军人习气,因此不甚喜欢,总想方设法加以遏制,但他们的努力并未取得多大的成功。

在执行这项计划的过程中,你们尽可放心大胆地把军权交给国王,因为他身为一国之王就该拥有这个权力;只要组成国家的全体人民都享有自由,国王就不能用人民来压迫人民。执掌行政

---

① 苏,一种小钱币。——译者

权的政府用来压迫人民的,是常备军。庞大的罗马军团在历次执政官更换的时候,都没有发生过什么问题;在玛里乌斯①以前,谁也没有想过用军队来控制共和国人民,只是后来在他们征服的地方太遥远和太辽阔的时候,他们才不得不保持一支常川驻扎在被征服之地的部队,招募大批游民当兵,把军队长期交给司令官指挥,司令官才开始拥兵自重,树立自己的权威。苏拉、庞培和恺撒②的军队都变成了真正的私家军队,用军政府的那一套治军办法来代替共和国的治军办法。说来还真难以令人相信:当恺撒的士兵有一次出现不满情绪时,恺撒用"公民们"这个词称呼他们,他们竟感到很不高兴呢。在我即将制定的办法中,全体波兰人都将成为能够抵抗国王和邻国试图扼杀人民自由的战士。我敢说,我的办法一实施,你们就可解除大将军的军权,把军权交给国王;只要波兰不妄想征服他国,波兰人民的自由就不会受到任何损害。我对任何妄想侵占他国领土的想法,都是不赞成的。谁想侵犯别人的自由,谁到头来必将失去自己的自由,就连国王也如此,更不用说人民了。

至于骑士团(共和国真正的实力在骑士团)则可不采用我给步兵拟定的那些做法。你们可在每个省都建立骑兵团,把所有的贵族都编入团队;各队都有自己的军官、参谋、队旗和紧急集合的场地与每年集训的时间。勇敢的贵族们都先按连队操练,无论队形变换和一进一退,都要动作准确,严格按照命令进行。

---

① 玛里乌斯(公元前157—前86):古罗马军事家和政治家。——译者
② 苏拉(公元前138—前38)、庞培(公元前106—前48)、恺撒(公元前100—前44):古罗马军事家和政治家。——译者

十二、军队的组建

我不主张你们生搬硬套地采用其他国家的战术。我希望你们有一套适合于自己并能充分发挥你们的天然的民族精神的战术,尤其要训练骑兵的行动敏捷,能毫无困难地分散,也能毫无困难地集中,在人们所说的"遭遇战"和一切适合于轻骑兵作战的战斗中,像洪水那样一下就冲入一个地方,八面出击而自己不受任何一点损伤,而且,尽管是分兵出击,但行动却协调一致,迅速切断敌人的交通线和补给线,攻击敌人的后卫部队,歼灭敌人的先遣队,突袭敌人的小分队,分割和围歼敌人露营和行进的部队。你们有古代帕尔特人[①]那样的气概,就应当像帕尔特人那样战胜和全歼敌方最精锐的部队,不让敌人有片刻喘息的机会。你们需要建立一支步兵,因为一个国家必须要有步兵,但你们应当把制胜敌人的希望寄托于骑兵,尤其是要创造一套能控制全局并稳操胜券的战法。

有人主张你们多修要塞,我认为这对一个自由的国家来说,是一个坏主意。这不仅不符合波兰人的性格,而且或迟或早会变成暴君屯兵的巢穴。你们以为可以用来抵御俄国人的要塞,实际上反倒帮了俄国人的大忙;要塞将变成你们无法脱身的桎梏。至于修建哨所,那也没有多大用处;切莫把你们的人力和物力花费在建立炮兵上。这一切都不是你们需要的。敌人突然侵入你们的国家,这当然是一件大坏事,然而,永久给你们身上戴一副锁链,那就是一件更大的坏事了。你们须知:尽管你们永远做不到

---

① 帕尔特人:古伊朗北部的一民族名,据说,在罗马军团战无不胜、攻无不克的全盛时期,只有他们能同罗马人打硬仗。——译者

使你们的邻国难以侵入你们的国家,但你们能够做到使他们入侵之后难以不受惩罚地退出你们的国家。安东尼和克拉苏斯①轻而易举地就侵入了帕尔特人的领地,但一侵入就倒了大霉。像你们这样国土辽阔的国家,到处都有居民隐藏的地方,有办法逃避侵略者的毒手。人工修建的一切设施是不可能阻止强者对弱者的突然袭击的,但人总是有办法做出反应的。当敌人从经验中得知要想从你们的国家脱身是如此之难以后,他们就不会那么想入侵你们的国家了。因此,你们应当像斯巴达人那样敞开国门,在公民们的心中建立坚固的城堡,像泰米斯托克勒②带领雅典人齐上战船那样,在必要时把你们的城市都驮在马背上。③ 模仿别人,那是永远造不出好东西来的,尤其不能造就伟大的事业,每一个国家都有其独特的优点,你们要以你们的政治制度使你们的优点得到发扬。只要大力培养和运用波兰人的优点,则值得你们羡慕的国家,就没有一个。

只要拥有一件东西,就足以使你们的国家变得不可能被征服;这件东西是:在美德的鼓舞下产生的并与美德不可分离的对祖国和自由的热爱。在这件事情上,你们完全能够树立一个永垂后世的典范。只要这种爱在你们心中孕育,它虽不敢保证你

---

① 安东尼(公元前 80—前 30):罗马军事家,恺撒手下的副将。克拉苏斯(公元前 114—前 53):罗马军事家,奉命率军远征帕尔特人,结果战败,被杀于卡尔赫。——译者

② 泰米斯托克勒(公元前 524—前 459):古希腊政治家和军事家;为了抵抗波斯人的入侵,他倾全国之力建造了 200 只三层桨战船,于公元前 480 年在萨拉苏斯海战中全歼波斯人的舰队,从而奠定了希腊人的海上霸权。——译者

③ 这句话的意思是以骑兵保卫城市和制胜敌人。——译者

们不受某种短暂的压迫,但它或迟或早终将爆发,使你们摆脱奴役,获得自由。因此,你们要不懈地努力,使爱国主义精神在全体波兰人的心中发扬到最高程度。我在前面已经讲了几个达到这个目的的方法,现在在这里只谈一下这个最可靠的,而且只要认真照着办就准保成功的方法。这个方法是:使所有的公民都时时感到他们不断受到公众的关注,每一个人都只有在公众的赞许下才能获得升迁。任何职务和任何岗位,都只有在得到人民的认可之后才能担任;从最小的贵族,甚至从最卑微的胥吏直到国王,全都要得到公众的赞同之后才能担当;没有公众的赞同,便什么职务也不能担任,什么职位也得不到,最后是一事无成。从这种上进心激励起来的奔腾的热情中,将产生崇高的爱国主义精神;单单这种精神就足以使人们上升到忘我的境界;不上升到这种境界,自由就会成为一句空话,法律就会成为一纸虚文。

如果在波兰全国各地都实行这种逐步升迁的办法,人人都从低级职务做起,经过考核,然后晋升到享受尊荣的高级职务,那么,在骑士团中实行这个办法就更容易了。凡是贵族,都是彼此平等的,这是波兰的一条基本法则,因此,大家都应当从当下属做起,然后上升到担任高级公职的地位;这样做,才符合体制的精神。凡是决心走这条道路并自信能担任其想担任的职务的公民,都可通过这条道路取得成功;凡是想在仕途上求发展的人,不论是贵族还是平民,都必须经过这第一步。不愿走这条道路的人,也听其自便,但一走上了这条道路,除自愿退出以外,便只能向前奋进,否则就会受到舆论的谴责而被淘汰。他的一言一行都要受到公民的监督和评论;他必须知道,他每走一步路或做一件事,都将受到人们的注视;人们将对他做得好或做得不好的事情做一个将影响他一生的结论。

十三、实行政府的一切成员
都逐级升迁的方法

现在让我陈述一个尽可能适合波兰的政府形式的官员升迁的方法，它只是在参议员的任命方面按照我在前面所说的理由稍做修改。

共和国政府的一切成员，即所有一切担任行政职务的人员，可分为三级；每个人的身上都要佩带分别表示这三个级别的标志。从前很神气的骑士章，现在只能被看作是国王恩宠的标记；骑士佩带的丝带和饰物，全都是一些毫无价值的和带女人气的玩意儿，因此在我们的方法中应当避而不用。我希望用来表明我所主张的这三个级别的标志，都是用不同的金属制造的牌子；金属的价值，应当与佩带者的级别成反比。

青年人在担任公职之前，先要在律师、陪审员、初级法院的法官和某种财务部门的岗位上经过一段考核期，让他们在各种各样的低级岗位上有机会表现他们的才能，尤其是表现他们的操守。考核期至少是三年，三年期满后，由主管的上级发给他们证书和公众的评语，然后到省里报到，在经过省里对他们的表现的严格审查合格后，就发给他们一块上面镌有他们的姓名、省名、考核合格日期以及在这几行字下边用粗体镌刻的"祖国的希望"一语的金牌。获得这块用黄金制作的牌子的人,要经常把它佩戴在右臂上或胸前,并从此就拥有"国家的公仆"这个头衔了。在骑士团中,只有拥有"国家的公仆"这个头衔的人才能被选为国会议员、驻法院的代表、财务稽核官或其他执掌主权的官员。

只有连续三次当选国会议员,并每次都在其所属的省议会中获得其委派人的认可后,才能升入第二级。无论何人,只要没有获得对其上一次任职期间的表现给予认可的证书,都不得第二次或第三次当选议员。对在法院或以专员或代表的身份在审计部门工作的人的考核办法,与对议员的考核办法相同;只需连续三次任职(无论在何处任职)并每次都获得认可,就可升入第二级。凡连续三次获得认可证书的"国家的公仆",经过国会的审查合格后,就可获得第二个牌子和牌子上所显示的头衔。

这个牌子是用白银制作的,其形状和大小与第一个牌子完全一样,镌刻的内容也相同,只不过"祖国的公仆"五个字改成了"特选的公民"。佩带这种牌子的人称为"被挑选的公民"或者只简单地称为"被选中者",他们不再是普通的议员、驻法院的代表或驻审计部门的专员,而是可以升任参议员的候选人了。无论何人都不得未经过第二级就进入参议院和佩带这种牌子,按照这个办法,还可立即从全体参议员中选出兼任国会代表的人;他们可继续佩带这种牌子,一直佩带到升入第三级。

我主张从那些升入第二级的人中挑选学校的校长和巡视员,以督导对孩子们的教育。他们在这个岗位上任职一定时间之后,向国会递交他们在教育部门任职期间的工作证书,经审查合格后,就可进参议院任职。请记住:这种证书,同其他证书一样,必须详细记录公众的评语,而征询公众意见的方法是很多的。

至于兼任国会代表的参议员,你们可以在每届国会的全体大会上进行选举;这样做,他们的任期只能是两年,但他们可以连选连任两次,只要在每次任期届满之前获得了国会好评的证书,就可以连选连任;这种证书,与省议会发给准许第二次或第三次参选议员的证书相似;没有这种证明其工作令人满意的证书,就不能继续任职;在这种情况下,为了不至于被淘汰出行政部门的工作,唯一的办法是重新从低级职务开始做起。一个有上进心的公民,不论他犯了什么错误,都可被允许从头做起,以洗刷过去的错误,并获得晋升。绝不允许任何一个委员会擅自颁发这种证书或拒不提供这种评语;任何评语都必须在全体大会上一致通过才有效。如果按照我提出的选举办法那样对离任的代表都以投票的方式表决对他的评语,做起来就很容易,而且不浪费时间。

也许有人会说:这样一种开头由个人提出意见,然后由省议会整理成文字,最后由国会通过的评语,很可能有弄虚作假的成分,因此不够全面,不够公正,不能真实反映一个人的行为和才能。对于这一点,我只这样回答一句话:因为我深深相信波兰人虽未完全革除他们的积习,但他们仍然是一个富有活力和美德的民族,所以我才这样主张,认为我的办法是实际可行的,反之,如果波兰人真是已经全都道德败坏和腐化堕落到极点了,那么,要想改造他们的法律和保有他们的自由,就纯属徒劳了,就干脆放弃一切努力,俯首戴上一副枷锁好了。以下让我们回过头来接着谈正题。

凡是连续三次被认可的参议员,就可直接升入国家最高级别第三级,由国王根据国会的提名,授予一个用蓝钢制作的牌子,其形状与大小和前两种牌子相似,只不过镌刻的头衔是"法律的卫士"。被授予这种牌子的人,无论他将来升迁到何种职务,都应终身佩带,即使坐上了国王的宝座,也应佩带。

各省的省长和督办的人选,只能从"法律的卫士"中挑,挑选的办法同"特选的公民"挑选的办法是一样的,也就是说由国会选拔。由于省长占据的是国家最显要的位置,而且是终身任职,以便使他们的事业心在仅次于国王的岗位上不至于有所懈怠。因此,选拔的过程应完全公开,只有被公众认可和确有功勋的人,才能被选中。

在继续往下叙述以前,请各位注意:我所说的公民们想逐级升迁到国家领导位置所必须经过的过程,是与人的年岁的增长成正比的。这样做的目的,是为了使那些将来执掌国政的人虽已非青年,但正当壮年,在连续经过公众考核十五年到二十年之后,还有相当多的时间让国家享受他们的才能、经验和美德所做出的贡献,而他们在国家的领导岗位上也享受他们应当享受的尊荣。假定一个人在二十岁时开始担任公职,他很可能在三十五岁时便当上了省长。不过,由于这是很难做到的,而且升迁的过程也不宜过快,因此,他在四十岁以前很难上升到这个显赫的位置。我认为,人到四十岁时,才正好是一个政治家的种种才能全都齐备的年龄,而且这个过程也十分符合政府的需要。我大致匡算了一下,按照我的办法,每两年至少可新增五十位"特选的公民"和二十位"法律的卫士"。这个数字,比参议院需要补充的人数还多,因此可以把这两个级别的人分流到参议院的两个部门。你们不

十三、实行政府的一切成员都逐级升迁的方法

难看出,尽管参议院的第一排是人数最多的,但他们是终身任职,所以比第二排需要补充的人数少,因此,按照我的办法,每一次国会开会都有新人。

你们已经在前面看到,而且在后文还将看到,我不会让多余的"被选中者"在等候进入参议院期间闲着没有事做;也不会让"法律的卫士"以"省长"或"督办"的身份回到参议院。我要把他们组建成一个教育督导团,派首席主教或另外一位主教去任团长;并明确规定其他任何神职人员(不论是主教还是参议员)都不得到该团任职。

我觉得,这样逐级升迁的办法,对大多数处于中间部分的人来说,即对贵族和官员来说,是相当好的。到现在为止,对处于两个极端的人,即对人民和国王应采取怎样的办法,我们还没有谈及。让我们从前者即至今一直被看作是无足重轻的人开始谈起。有些人说这一部分人起不到多大作用,但我认为,如果你们想使波兰有可靠的国力和坚实的体制,就需要把这一部分人看作是能起作用的。再也没有什么事情是比有关这一部分人的工作更需要细心从事的了。因为,尽管每个人都感到:如果国家只关注骑士团,而让其余的人即农民和有产者在政府和司法工作中遭到忽视的话,对国家来说是一大坏事,但要一下子就加以改变,那是既不稳妥,也是不可能的。但你们只要逐步进行,在不发生明显的大动荡的情况下,使国中占最大多数的人对祖国有了热爱之心以后,这种改变就是可能的了。要实现这一点,有两个办法。第一个办法是:大家都严格按照法律行事,让农奴和平民百姓不担心受贵族的欺凌,并改变他们对贵族的天然的厌恨心理。为此,就

必须对法院进行大改革,并加紧培养一批律师。

第二个办法(没有这个办法,第一个办法就不会收到成效)是:对农奴打开一道获得自由的大门,对有产者打开一条获得贵族身份的途径。虽说这实际上也许是做不到的,但你们至少在思想上应认为它是可行的。甚至还可以进一步,而且做起来也毫无风险,例如有一个方法在我看来就可以达到预期的目的。

在国会休会期间,你们可以每两年在每一个省选择一个合适的时间和地点,把本省尚未成为参议员的"被选中者"召集在一起,在一个尚未成为终身参议员的"法律的卫士"主持下,举行一次评议会或表彰会,并邀请省里的神甫参加;当然不是邀请省里所有的神甫,而是邀请那些被认为是最适合参加此种会议的神甫。这样一种有选择性的邀请,在公众看来,就等于是默认那些被邀请的神甫是好神甫,从而在乡村神甫中激起他们的上进心,保障他们不沾染那些容易沾染的坏习气。

你们还可邀请各阶层的老者和知名人士参加此种会议,一起讨论省中应兴办的事情,并听取神甫们对他们各自的教区和邻近教区中的情况的报告,听取知名人士对他们所在的地区的文化状况和家庭状况的报告,所有参加会议的人都应认真讨论这些报告,并提出自己的意见。对所有这些报告和意见,都应做忠实的记录,并择其要点报送省议会。

会议应仔细研究子女过多的家庭、残疾人、寡妇和孤儿的需求,用省中富裕人家捐助的款项适当地给予补助。这项捐助是慈善性的,所以不会成为过重的负担,只要能做到全波兰没有乞丐和济贫院就可以了。教士们也许会大声嚷嚷,要保留济贫院;然

十三、实行政府的一切成员都逐级升迁的方法 101

而,正是他们的大声嚷嚷,为我们消灭济贫院提供了一个理由。

在这种会议上,不仅不批评和谴责任何人,相反,要多表彰和鼓励善行和好人,并根据翔实的材料,对各阶层中值得表彰和奖励的人*提出一个准确的名单报送参议院和国王,以便以后在选拔人才时有利于他们的获选。教育主管部门也应当根据这些会议提供的材料,在各个学校中颁发我在前面所说的那种助学金。

这种会议的最主要的和最重要的工作是,根据翔实的材料和经过审核的公众的评语,对有突出的良好行为和品德,并治家有方和出色完成应尽职责的农民②列一个名单,报送省议会,由省议会按照法律的规定,选出一定数目的农民,予以解放,让他们获得自由,并以适当的办法对他们的主人给予补偿,根据获得自由的农民的人数,让他们的主人享受某些豁免权和特殊的待遇与好处。必须绝对把这件事情做得不仅不使农奴的解放成为主人沉重的负担,而且要使之成为一件很光荣和有好处的事情。为了避免发生弊端,这一工作不能由主人来做,而应当由省议会来做,解放的人数必须严格按照法律的规定。

在一个县中陆陆续续解决了一定数目的农民家庭之后,就可

---

* 在这些材料中,应多侧重于评述人,而少侧重于评述个别孤立的行为。真正的善行是不声不响地做的。一个人之值得表彰,是由于他一贯好事,具有诸多美德,并能很好地完成他所担负的职责,再加上由他的性格及行事原则而做出的行为,而不是由于他所做的某些引人注目的事情而获得的公众的夸赞。傲慢的哲学家是喜欢谈论惊人的行为的,但此种行为,尽管有几次确实是很漂亮的,获得了人们的啧啧称羡和夸耀,但其目的只不过是为了骗取好评,以掩饰其一生行事的冷酷和不公正。"花小钱占大便宜",女人说的这句话是很有道理的。——作者

② 即前面所说的"农奴"——译者

以整村整村地解放，从而形成乡镇，并像瑞士那样，拨给他们一定数量的基金和土地，派若干官员去管理。当你们逐步把这项工作进行到在不引起大动荡的情况下可以大规模做这件事情时，就把大自然赋予他们的参加管理国事的权利给予他们，由他们派代表去参加省议会。

完成这些工作之后，就可向已经成为自由民和公民的农民发放武器，把他们编成团队进行训练，这样，你们就可获得一支足以保卫国家的民兵。

你们可以按照类似的办法，使一定数目的城市有产者上升为贵族，甚至可以在他们尚未升为贵族的时候就担任从前只是在某些贵族被罢黜的时候才让他们担任的显要职务。在这一点上，你们可以仿效威尼斯人的做法：威尼斯人虽然是那样地看重贵族，但他们不仅不让他们担任次要的职务，反而把全国第二号职务，即任何一个贵族都不敢指望的大法官的工作让一个平民去担任。用这个方法给有产者打开一道通往贵族地位和荣誉的大门，从而使他们热爱国家和政府。你们还可以在不使个人成为贵族的情况下，使某些在工商业和艺术方面特别繁荣并市政良好的城市升格为直辖市，像国王直接管理的城市那样派代表到国会。它们的榜样必将使其他城市努力争取得到这一殊荣。

负责这一美好工作的评审委员会，迄今在任何一个波兰城市都没有建立，这无论对国王或波兰人民来说都是一件令人感到遗憾的事情。这个委员会的成员虽然不是选举产生的，但却是从怀有满腔热忱地履行这一职务的人当中选拔的，由于他们都想将来晋升为备受尊敬的参议员，所以各个都十分注意自己的言行，以期获得公众的好评,从而被选入国会。这是一项足够使他们在前后两次选举的间隔期间充分向公众表现他们才能的工作。须要指出的是,这一做法的要点是:在前后两次选举的间隔期间,并不改变他们的普通公民的身份,他们依然是普通的公民,因为这种评审委员会虽然是很受尊敬的,但除了评议好事以外,手中没有任何强制性权力,因此我并未因为按照我的做法就使官员的人数有所增加,只不过是趁他们从这个岗位转换到另一个岗位之间的间隔期间利用他们的才能做一些工作。

这个逐步进行的办法,可以根据进行的结果是成功还是不成功而加快或放慢甚至停止其进行;你们必须根据经验前进,随你们的意愿安排进程,鼓舞所有一切下层人士为公众的幸福而工作的热情,使波兰全国各地的人民都活跃起来,结合成一个整体,其力量至少将比今天大十倍。除此以外,还有这样一个极大的好处:可以避免一切突然的剧烈变化和发生革命的危险。

你们现在正好有一个很好的机会,可以大张旗鼓地开始举办这一可产生伟大效果的事情。在波兰不久前遭到的灾难中,几大联盟都得到了某些有产者甚至某些农民的帮助和同情的表示。你们赶快学习罗马人的那种豪迈气魄:罗马人在他们的共和国经历的大灾难之后,他们对所有一切在他们危难之时曾经向他们伸出援手的外国人、平民和奴隶,甚至动物,都表示深深的感谢。啊,这一手做得真漂亮,从这种做法入手,好得很嘛。我希望你们也像罗马人那样庄严隆重地举行一次令人永志不忘的盛大仪式,对帮助过你们的有产者授予贵族的头衔,让帮助过你们的农民获得解放。须要记住的是:你们切不可只做了开头这件事就完事;

你们还须把这些人当作国家特选的孩子看待,即使他们有许多缺点,你们也要继续关心他们,保护他们、帮助和支持他们;应当不惜一切代价使他们一生都幸福。我希望波兰用这个人人都亲眼所见的事例,向全欧洲各国人民宣告:谁在波兰危险的时候帮助它,谁也会在它胜利的时候得到它的回报。

以上是几点粗略的想法,而且只是作为你们可以照着办的例子,让每一个人都可看到摆在他面前的是一条通向自由的大路,只要对祖国效了力,就可逐级晋升到最光荣的位置,一个人美好的德行可以为他打开财富向他关闭的大门。

我的全部想法还没有说完。我的计划中尚待陈述的部分,在我看来,无疑是最棘手难办的;其中有许多需要克服的障碍,使行事谨慎和经验丰富的大政治家都在它们面前栽了跟头,然而在我看来,如果我的计划得到采纳,按照我在后文提出的方法去做,则一切困难都可迎刃而解,一切弊端都可预先加以防范,而且还可在执行过程中,把新遇到的障碍变成有利的条件。

十四、如何选举国王

在这个问题上,所有一切困难都归结为这样一个困难:如何才能在既不引起动乱又不侵害人民的自由的情况下选出国家的元首。使这个困难更难上加难的事情是:这位元首应当具有一个敢统治自由的人民的人必须具有的资质。王位采取世袭继承的办法,固然可以避免动乱,但却使人民永远遭受奴役,而采取选举的办法,虽保持了自由,但每一次改朝换代都将动摇国家。这两个办法都令人头疼。不过,在论述避免的方法以前,请允许我先回顾一下波兰人过去选举国王的方法。

首先,我要问一下:波兰为什么要外国人来当波兰人的国王?[1] 你们为什么竟糊涂到采取这么一个肯定会奴役你们国家的方法?你们为什么不要自己的风俗习惯,而硬要成为他国王室手中的玩具?这样做,对你们的人民是多么的不公平,对你们的国

---

[1] 在波兰的历史上,波兰国王的人选,往往是其他国家强加给他们的,以16至18世纪的几位波兰国王为例,昂利·德·瓦鲁瓦是一位法国亲王;诶简·巴托利是特兰西瓦尼亚王室的一位王子;西吉斯蒙三世是瑞典亲王;腓德里克-奥古斯特一世是萨克森王国选侯。在卢梭写这本《论波兰的治国之道》时的波兰国王斯坦尼斯拉斯·波尼亚托斯基虽然是一位波兰贵族,但他的当选,是俄国女皇叶卡捷琳娜二世指定的。因此,卢梭在文中告诉波兰人:"请翻阅一下你们国家的历史,你们就找不到在波兰国王的统治下,你们的国家曾经有过光荣和昌盛的记载。"——译者

家是多么大的耻辱啊,好像在波兰全国竟然找不到一个能统率他们的人,而不得不到外国去找似的。你们为什么没有认识到和没有发现你们应当采取相反的方法呢?请翻阅一下你们国家的历史,你们就找不到在波兰国王的统治下,你们的国家曾经有过光荣和昌盛的记载;你们看到的,全都是受外国人欺凌和压迫的历史。你们痛苦的经验已经够多了,你们的理智应当清醒了:你们使自己吃了多少苦头啊,你们使自己失去了多么多的幸福啊!

我还要问一句:波兰人能花那么多力气使他们的国王通过选举产生,为什么就没有想过也花这么多力气,在他们的政府的成员中掀起一股竞争的热潮,让抱有为国家服务和为国家争光的热心的人来竞争这个王位;单单这股竞争的热潮给国家带来的好处,就比所有一切其他办法给国家带来的好处都多。让每一个配受万民敬仰的公民都有登上王位的希望,这对胸怀大志的人来说,是多么大的鼓舞力啊!有了这种得到最高奖赏的指望,就会激起全国人民发扬美德和做出重大努力的热情,当大家都知道只有这样做,才能获得这个人人心中都暗自希望的位置时,心中必然会产生强烈的爱国热忱。只要具有美好的德行和对国家有重大的贡献,就会一步一步地接近这个目标,再加上命运的帮助,就终有成功之日。现在,让我们找到一个最好的办法,使这个如此有力但却直到今天都无人知晓的鼓舞力发挥它的作用。也许有人会说,把王冠只给予波兰人,这还不够,还不足以消除将遇到的种种难题。这一点,正是我在陈述我的办法之后即将谈到的问题。我的办法很简单,但在开始的时候看起来似乎并不涉及我在前面所说的目的,因为我认为能否当选国王,还须靠命运的帮助。

我请求你们给我时间来解释一下,或者,你们再重新仔细读一下我的论述,你们就明白了。

如果有人说:"一个用抽签的办法选出的国王,怎么能保证他有胜任这一职务所需要的品质。"我的回答是:人们提出的这个反对意见,我已经解决了,因为,只要是从终身参议员中选出的国王,他就具有这一位置所要求的品质:他们是"法律的卫士",已经很光荣地通过了国家三个级别的考核和公众的认可,所以能保证他们当中的每一个人都具有担任这一职务所需要的才能和品德。

我这番话的意思,并不是说在终身参议员中谁当选国王是全凭运气;这样做,是不符合我的目的的。运气固然能起点作用,但更重要的还是要通过选拔,以便一方面使周边几个大国的阴谋诡计不能得逞,另一方面使所有各省的省长不仅不敢懈怠自己的职责,反而会更加努力地为国家服务,以突出的成绩胜过其他的竞争者。

我也认为,如果让各省的督办(按现行的体制,他们的地位几乎是与省长平等的)也参加竞选的话,则竞选的人数就太多了;但我觉得,只让省长有直接登上王位的资格,这没有什么不妥当之处。何况这样做,无非是新增加了一个阶梯,让督办先通过升为省长这一步之后才参加竞选而已,而且,这样做,还可使你们多掌握一个使参议院从属于立法者的办法。你们已经看到,我在前面曾经说过,督办一职在现行体制中是多余的;不过,为了避免大变动,我也同意你们让他们在参议院中继续保有他们的席位,而今后在实行我提出的逐级升迁的办法中,没有必要把他们提升到与省长同样高的地位,而且,正是由于没有任何力量可以阻止你们这样做，所以你们尽可大胆放心地采取最好的办法；我认为，目前最好的办法是只让省长有直接参选国王的资格。

在国王驾崩之后，也就是说，在尽可能按法律规定的短暂的王位空缺期间，由国会隆重召开选举大会，把所有省长的名字都列入参选人之列，在采取尽可能周密的防止舞弊行为的措施之后，用抽签的办法从其中抽出三个签，并立即高声向大会宣布这三个签上的名字，在会上以多数票选出当选的王位继承人，并在当天登基。

我承认，这样一种选举方式有一个大缺点。这个大缺点是：人民无法从众多的省长中自由选择他们最敬重的和最配享王位的人。不过，这个缺点不是新近才在波兰产生的；在好几次选举中，尤其是在最近这次选举中，①大家都可看到，不仅没有选举波兰人民最喜爱的人，反而硬是被迫选举了他们最厌恶的人。既然自由选举已经不可能了，而且你们已经做出了许多牺牲，如今采用我所说的这个方法，就准可获得的好处，是何其多啊！

首先，用抽签的办法便一下子就挫败了外国人的阴谋，使他们无法对选举施加影响，使他们无论花多大的力气都不可能准保成功，即使暗中捣鬼，也无法使波兰人民唾弃的人当选。单单这个好处之大，就足以保证波兰的宁静，杜绝一切在国中拉票和贿选的行为，使选举像世袭那样顺顺当当地进行。

我的办法还可以打消候选人玩弄阴谋的念头，因为他们当中

---

① 指1764年9月的选举大会，完全屈服于俄国女皇叶卡捷琳娜二世的压力，选举波兰人民最厌恨的斯坦尼斯拉斯·波尼亚托斯基为波兰国王。——译者

十四、如何选举国王

谁也不愿意花钱去买那个不由人决定的抽签的结果；谁也不愿意孤注一掷，花钱去瞎撞运气，因为被抽中的人只有三个；再加上得到命运偏爱的人也没有时间去贿买选举人，因为选举就在同一次大会上当场举行。

也许有人会说：在三个候选人中由人民自由选举其中的一个，就可以防止不配当国王的人正好那天撞上好运而当选了；而由人民自由选举，人民就不会选他，何况在全国的这三十三个精英中怎么会只有一个不适合的人，说不定走运的这三个人全都是不合格的呢。

这番话说得很有道理；不过，采取我所说的方法选举，就可以把选举的种种好处与世袭继承的好处结合起来。

第一，王位不由父传子，奴役人民的制度在共和国中就不可能永远继续存在；第二，命运本身在这样透明的选举方法中只不过是其中的一个因素，何况"法律的卫士"与从"法律的卫士"中选拔的省长这两类受人尊敬的人，在此前的选举（无论是什么样的选举）中已经经过人民的挑选呢。

省长和督办是终身任职的，他们很可能因为无人能剥夺他们的职务而懈怠他们的职责，现在有了这个高升的前景，他们必将因此而多么努力地竞争啊。他们不仅不会畏缩不前，反而会因为看到自己有登上王位的希望而鞭策自己，他们知道：即使命运助他们一臂之力，那也枉然，因为很有可能在选举的时候被淘汰，而唯一能获选的办法是使自己配得上当选。这个道理太明显了，所以用不着我来详加解释。

现在假定事情糟糕到真有人在抽签时捣了鬼，在竞争者中有一个人趁其他几个有关的人不注意的时候做了手脚。这对落选的人来说，当然是件坏事，但对共和国来说，却无甚影响，同没有人捣鬼的抽签是一样的，选举的好处你们一个也没有少，至少防止了王位空缺期间的混乱和王位成为世袭；那个野心勃勃到竟然玩弄欺骗手段的候选人事实上也不是一个无能之辈，也是人民认为能够继承王位的人，何况在他捣鬼之后，还要接着通过国会的正式选举，才能最后决定谁当选呢。

只要认真按照这个办法去做，全国人民的心就会团结在一起，以最卑微的平民百姓直到第一位省长都将认识到只有恪尽职责，才能得到荣升。如果国王在当选之后便认为只有法律在他之上，此外便没有什么可以约束他，就不再需要公众的认可了，如果他真的认为从此就可以为所欲为了，我认为，只需采取这样一个令人不敢想象的办法就可以纠正他：以某种方式规定不称职的国王可以撤职；在一定时间之后，国王需要得到人民的认可之后，才能继续当国王。不过，我再说一次，这个办法不可轻易采用，因为它将使王位和国家不断发生动乱，政府无法稳固到足以专心致志地为公众谋福祉。

有一个古老的做法，迄今只有一个国家的人民实行过；而令人吃惊的是，正是因为这个做法的效果之大，所以才没有人仿效。是的，这个做法只适用于实行选举制的王国，尽管它是由一个世袭制的王国发明和采用的。我说的这个做法是：埃及国王去世后，人们要对他进行评论，根据他生前对国家的治理是好还是坏而决定对他是否进行国葬和给予国王应得的荣誉。现代的人对一切奖励道德和鼓舞心灵的事物都漠不关心，一定会认为对波兰国王实行这种做法是一种可笑的事情。我不想说服法国人，尤其不想说服法国的哲学家采用这种做法，但我认为可以向波兰人建议采纳这种做法。我敢保证这个做法将给他们带来用其他方法不可能取得的巨大好处，而且一点窒碍难行之处都没有。就眼前来说，一个国王除非心灵已经败坏到对自己身后在公众中的评价毫不在乎了，否则他就不会不对公众对他人品的评价产生畏惧，从而克制他的奢欲，使之控制在一定的程度；尤其是公众要把对他们评价与他的孩子们的利益联系起来；他的孩子们的命运如何，公众对他们的父亲的评价将起决定性的作用。

我主张：在每个国王逝世后，在未公布对他的评价之前，将其遗体暂厝在一个适当的地方。负责葬礼的礼仪院应尽可能早日召开会议，对国王的一生和他的治理情况进行严格的审核，并向公众发布消息，让所有的公民参加，并允许他们对逝世的国王提出指控，或者为他进行辩护，论辩完毕之后，就极其郑重地宣布对他的评语。

如果对逝世的国王的评语是好的，便当众宣布他为好国王，好君主，并把他的名字刻在波兰历朝国王名录碑上，遗体隆重国葬；在所有的文书和讲话中提到他时，都在他的名字前边加上"英明的"三字，把他个人的遗产发给他的遗孀；把他的孩子封为亲王，终身享受亲王的一切权利。

反之，如果人民认为他为人不正直，性情粗暴，乱用国帑，尤其是侵害了公众的自由，那就当众对他进行谴责，遗体不国葬，像一个普通人那样埋在地里就了事，他的名字也不刻在历朝国王名录碑上，他的孩子也不享有亲王的头衔和权利，降入普通公民之列,既无荣耀的标志,也无屈辱的标志。

我主张评语的宣布应极其庄严;如果可能的话,最好是在选举新王之前进行,以免新王对评语的措词的表达产生影响,以免他为了他个人的利益而减弱措词的严格性。我当然知道人们希望有更多的时间去发现尚未被发现的真相,以便使评语更加完善;不过,如果推迟到选举新王之后进行的话,我担心这一切如此重要之事将成为一次虚应故事的仪式,像在一个实行世袭制的王国那样,评语从头到尾全篇都是对先王歌功颂德之词,而不是对他一生行事的公正的和严格的评判。在这件事情上,最好是让公众多发言和略去某些细节,从而更好地保持评语的公正和严格;不这样做,这个评语就没有用处。

至于主持宣布评语仪式的礼仪院,我主张,既不由参议院的参议员,也不由国会的代表或政府的官员组成,而纯粹由既不容易受欺骗也不会被腐蚀的公民组成。我觉得"特选的公民"既比"国家的公仆"有更多的学识和经验,又不像"法律的卫士"那样因接近王位而牵连到许多利害关系,所以最好是由他们组成;他们的位置适中,最能公正无私地做出准确的评判,因此比其他两种人更适合于担任这一工作。万一他们的人数不够多,不足以做出这一重要的评判,我建议你们最好是从"国家的公仆"而不从"法律的卫士"中抽调人员去补充。最后,我希望礼仪院的主持者不是一个身居高位的人,而是一位由该院像国会选举议长和联盟选举主席那样选出的德高望重的人,以便尽可能避免个人利益影响这一事情。这件事情是办得很严肃还是办得很可笑,就全看举办的方式而定了。

十四、如何选举国王

在结束如何选举新国王和如何评判逝世的国王的论述时,我还要在这里指出你们的习惯中有一件事情在我看来是与你们体制的精神大相矛盾的。这件事情是:在国王逝世后,你们的政府各部门几乎全都瘫痪了,所有的法院都宣布休庭,甚至关闭了,好像政府与君王是如此的休戚相关,以致国王一死,就必然导致法院全都关门似的。愿上帝为证:事情应当恰恰相反,国王虽死,一切都应当像他活着的时候那样照常进行。让我们以机器为例,国王没有了,只不过是像机器少了一个零件,对这部机器的运转并无大碍。好在你们的这一荒谬做法没有什么法律依据,所以只需宣布今后不这样做,一切照常不变就行了。切不可让这一与体制矛盾的奇怪做法继续存在了:它与现在的体制的矛盾已经够大了,在体制改革后,它与新体制的矛盾就更大了。

十五、结束语

我的计划已经相当详细地陈述完毕；写到这里就该停笔了。不论你们采用什么办法，你们都不要忘记我在《社会契约论》中关于一个国力衰弱和处于无政府状态的国家在制定或改革它的体制时应当如何谨慎从事那段话。① 在目前混乱和动荡时期，波兰没有力量抵抗外敌，稍为有一点震动，就影响全局，因此，当务之急，是要千方百计地获得一个宁静的时期。在此期间，你们可以振作精神，放手对你们的体制进行革新。尽管在你们国家需要进行的改革不是根本性的，而且也不特别大，但仍需十分谨慎，需要经过一定时间之后才能看出改革的效果，并加以巩固。此外，你

---

① 那段话是这样说的："要奠定一个国家，除了上述条件以外，还要另外再加上一个条件。这个条件不能代替其他条件，但是，如果没有这个条件，则其他条件全都不起作用。我说的这个条件是：人民必须享有富足与和平，因为在国家初建之时，就如同一支军队组编之时一样，是共同体最缺乏抵抗力和最容易被摧毁的时刻。人们的抵抗力即使在绝对没有秩序时也比酝酿时大；因为在酝酿时，每个人都只顾他自己的地位而不顾危险。在这关键时刻，如果突然发生战争、饥荒或暴乱的话，国家就必然会被倾覆。篡权者往往要制造混乱或选择在混乱的时期，利用公众的恐惧心理通过人民在头脑冷静的时候绝不采纳的各种危害人民的法律。建立政府的时机的选择，是人们据以区别它是由立法者建立的还是由暴君建立的最可靠的标志之一。"（卢梭：《社会契约论》，李平沤译，商务印书馆2012年版，第56页）——译者

们还须等到几大联盟的勇敢斗争和他们的正义事业取得成功之后,你们才能进行下一步工作。只要还有一个俄国士兵在波兰,你们就不能自由;只要俄国人还继续干涉你们的事情,你们就会受到威胁。如果你们能做到迫使他们不以保护者自居,不把你们看作被保护者,把你们也看作一个强国,你们就可趁他们很可能被土耳其战争①弄得精疲力尽无力干涉你们的时候进行你们的事业。尽管我不相信与他国订立的条约能保证你们的安全,但在当前这一特殊情况下,你们还应想办法依靠这一保证,即使仅仅是为了弄清与你们订约的国家当前的想法是什么,你们也要这样做。除了这个特殊的情况和在其他时候订立的某些商务条约以外,你们就千万别浪费精力去搞虚有其名的谈判了,别再派什么使臣到其他国家去办事,以免你们吃大亏。别指望什么盟国和条约会给你们带来好处;同基督教国家打交道,这一切都没有用;他们不管别的,只知道捞取他们的利益。当他们认为履行条约对他们有利,他们就履行条约;当他们认为破坏条约对他们有利,他们就破坏条约,所以,你们最好是同谁都不订什么条约。只要有好处可捞,他们早就会做好准备,该怎么捞就怎么捞了。他们这样做,不是从国家的利益出发,而是为了某一个大臣、某一个女人或某一个宠幸一时的利益;像这样时而有利于时而又有损于他们国家真正利益的行事动机,是人的智慧无法预测的。同那些没有准则而纯粹凭一时的心血来潮行事的人打交道,有什么保证能让人放心呢?再也没有什么事情是像宫廷政治那样荒唐

---

① 指1768—1774年的俄国-土耳其战争。——译者

了,因为它不讲原则,所以根本靠不住。各国君主以他们的利益为重的行事方针,在头脑清醒的人看来,纯粹是令人好笑的儿童游戏。

因此,你们千万不可抱依靠盟国或邻国的希望。你们只有一个稍微可以从他那里得到一点儿支持的人;这个人是大帝。① 你们应当尽一切努力去寻求他的支持。我主张这样做的原因,并不是由于他的政策比其他国家的政策好,何况是否成功,还要以一个宠臣或后宫的意向为转移。好在奥托曼帝国政府的利益很明确,也很单纯;该它得的利益,就给它好了;一般地说,它对国家的治理虽不够明智,但却很正直,更通达情理;和它打交道,比同基督教国家打交道多有这层好处,再加上它能履行承诺,遵守条约的规定,所以好处就更多了。你们可以试探一下,看能否同它订一个为期二十年的条约,尽量把条约订得很严格,很明确;只要对方不泄露其内容,这个条约就可成为你们安全的最好的保证,甚至是唯一的保证。在目前的战争死死拖住俄国人的手脚的情况下,我估计,你们可以获得足够的时间放手进行你们的事业,何况欧洲各国的共同利益,尤其是你们的其他几个邻国的利益,在于使你们成为它们与俄国之间的缓冲国呢;尽管它们总是那样反复无常,花样百出,但至少有时候也得理智行事。

我认为,有一件事情是肯定的;这件事情是:谁也不会因为看见你们改革你们的体制便心生恨意。因为你们这样做的目的,只不过是为了健全和巩固你们的法治,以保证你们的自由,

---

① 指土耳其苏丹皇帝。——译者

而自由在所有其他各国的宫廷看来却是幻想,不仅不能使国家强盛,反而会削弱国家的力量。正是由于有了这种看法,法国才一直支持日耳曼人和荷兰人争取自由;也正是由于有了这种看法,俄国在今天才起劲地支持瑞典现政府,而拼命反对国王的计划。所有那些按照自己的样子去评判别人的大臣和他们周围自以为了解他们的人,都想象不到对祖国的爱和对美德的激情能给予自由的人多么大的鼓舞。他们还没有从他们对共和国的错误看法中觉醒过来,因此使他们的图谋都遭到了没有料到的阻力。他们将永远不会改变从他们所遭受的屈辱中产生的偏见,而且还以这种偏见来看待他人。尽管俄国人在波兰的所作所为的目的已昭然若揭,但也没有使他们改变他们的看法。他们以为自由的人同他们是一个样,也就是说是没有灵魂的人,是只听从两个工具支配的人;这两个工具是:金钱和皮鞭。此外,即使俄国人发现波兰共和国不致力于充实其钱袋,不扩大其开支,不建立自己的常备军;而且相反,一心想解散其军队,尽量不使用金钱,他们也会以为共和国是在自己削弱自己,以为他们什么时候高兴,就可以什么时候征服波兰,因此,他们将让波兰爱怎么做就怎么做,而且还巴不得你们这样做呢。须要指出的是:自由的国家是不允许自己的人民拥有侵略性武力的,而且,按照我提出的方法,他们还应当放弃一切侵占他国领土的图谋。你们的事业一完成,二十年后如果俄国人再试图来侵略你们,他们将发现:奋勇保卫自己家园的士兵,就是这些从不侵犯别人家园并视金钱如粪土的热爱和平的人们。

将来,在赶走了这些凶狠的不速之客[1]以后,你们还须继续当心,防止他们采取瞒天过海的办法,在国王身上做文章:指派一个人来当你们的国王。如果出现这种情况的话,你们要么就把这个人杀掉(因为他罪有应得),要么就不承认他的当选,宣布第一次选举[2]是无效的,并按照你们的《波兰会典》重新选举国王,而且还要新当选的国王按照《波兰会典》的规定,放弃任命高级官员的权力。我认为第二个办法不仅最合情理,而且也最明智;我甚至认为它有某种可骄傲之处,因为这第二次选举必将全盘打乱彼得堡[3]的阵脚。波尼亚托斯基无疑是有罪的;也许他今天的日子很不好过,至少目前在我看来他是什么事情也不管的。当然,他内心深处还是希望把他狠心的主子赶出波兰的,而且他心中也许还有某种爱国主义英雄精神,想与联盟的人联手驱赶俄国人,但大家都知道波尼亚托斯基不是一个英雄。既然一切全由俄国做主,所以我坦率承认:如果我处在他那个地位,我说什么也是没有表现这种英雄精神的能力的。

我当然知道:在你们的改革工作完成之后,你们是不需要这种国王的,然而在目前,你们若想平平静静、顺顺当当地进行改革,你们就需要这种国王了。只需他再活八到十年,你们的机器就开始运转了,好几个省的省长就全是由"法律的卫士"担任了,你们就用不着怕一个与他相似的人继承他的王位了。我担心的是:如果你们现在就草率地把他废黜了的话,你们不仅不知道怎

---

[1] 指俄国人。——译者
[2] 指在俄国操纵下举行的选举。——译者
[3] 指俄国宫廷。——译者

样安置他,而且还将面临新的动乱。

尽管采取自由选举的方式,可以使你们在国王的选举方面免掉许多麻烦,但也只能在不仅真正了解了他的秉性,而且还确知他有某种良知、有某种荣誉感、爱自己的国家和深知他自己真正的利益,并按符合他真正的利益的原则行事之后,你们才可考虑采用这种方式。因为无论在什么时候,尤其是在波兰苦难深重的时候,再也没有什么事情比让一个卖国贼当政府的首脑更糟糕的了。

至于如何着手进行我们所说的改革,我不赞成有些人向你们提出的那些突袭式的和欺骗人民的"巧妙办法"。在这方面,我只提这样一个建议:把你们的方案全面向人民展示之后,一方面不突然开始执行,以免使全国人民感到不满,另一方面让大部分在位的人继续留任,并按照新的方案陆续选派人去补充空缺。千万不可过于猛烈地动摇国家机器。我深深相信:好方案一经采纳,就立马可以改变那些曾经在旧政府中任过职的人的思想。由于你们不可能一下子就培养出许多新的公民,因此在开始的时候就任用现有的公民,并向他们提供一条向前发展的新途径:这是促使他们继续上进的好办法。

尽管联盟的成员各个都有勇气和毅力,尽管他们的事业是正义的,但是,万一命运和欧洲各国都抛弃了他们,把波兰交给压迫者去宰割……[1]可惜我不是波兰人,就你们现在这样的情况而言,

---

[1] 卢梭写这段话的时候,波兰的政治局势很糟糕,1774年4月,出身军界的俄国新大使萨德恩到达华沙,加紧对波兰政府施加压力,再加上联盟接连打了几次败仗,几乎有全军覆灭之势。——译者

我只能把我的意见提供给你们作参政。

　　谢天谢地,我已经怀着满腔热情,尽我所能完成了韦洛尔斯基伯爵先生交给我的任务。也许我提出的这一套办法只不过是一大堆空幻之言,但它们是我真实的想法。如果我的想法和别人的想法不一样,这不能怪我,不能怪我不用另外的方法思考问题。另外,我还要指出,尽管人们认为我的想法很奇怪,但我却认为它没有一样不适合好心人的心,没有一样不是实际可行的,尤其在波兰是可行的。由于我心中时时都按波兰人的头脑思考问题,所以只提了少数几个我认为可以改正其弊病的改革措施,我觉得,一个按这样一些方法向前推进的政府,是可以尽可能直接地和稳妥地达到它的目的的。不过,你们不要忘记:凡是人制作的东西,都是不完善的,都只能在短暂一段时间有用,过此时间就会消失;我提出的那些方法也是如此。

　　我对好些我自觉没有足够的学识判断的重要问题,都略而未谈;我把这些问题留给那些比我见多识广的人去解决。在结束这部文字冗长的作品之际,我请韦洛尔斯基伯爵先生原谅我使他要花许多时间来阅读我的文章。尽管我的想法同别人的想法不一样,但我并未自诩我比他们高明,也未硬说伯爵先生可以在我的想法中一定能找到一些真正有用于他的国家的东西,更何况我希望他的国家昌盛的心愿是如此的真诚和纯洁无私,所以,除了怀着一片热忱写作以外,不敢有半点自以为是之意。但愿波兰能战胜它的敌人,成为一个永享和平、幸福和自由的国家,为全世界树立一个伟大的榜样,以韦洛尔斯基伯爵先生为国奔波的精神为楷模,在波兰培养许许多多像他那样的公民!①

---

① 1771年6月,卢梭将《论波兰的治国之道》的稿子寄给韦洛尔斯基,并随稿附如下一封信:
  伯爵先生:
    我已遵命为你的国家写了一份材料,兹随信寄上。我的心对贵国萦怀之情,比我的笔更有过之。我开头只想就你来函所提的问题谈几点看法,哪知越写越长,以致竟写成了一本厚厚的书。你将发现书中的文字是如此的杂乱,以致无法按几个标题的名称只叙述标题所指的内容。这一点,我深感歉然;如果我对我花了许多时间思考的问题因心情激动而翻来覆去地重复论述的话,我深深相信你是会原谅我的,因为你正是要我的心这样深入思考嘛。随着我的思考愈来愈深入,我的想法也愈来愈多,而来不及分门别类地加以编排,及至后来想条分缕析地编排时,我已经没有精力了,只好信笔写来,直陈鄙意,供你参考。
《卢梭通信集》拉尔夫·亚·利编,第38卷,第6867号,日内瓦,1965—1987年。——译者。

卢梭简明年谱和波兰大事记

卢梭简明年谱

1712 年

6月28日,让-雅克·卢梭诞生于信奉加尔文教义的日内瓦。

1728 年

4月21日,在都灵改宗天主教。

1740—1741 年

在里昂马布里先生家任家庭教师。

1743—1744 年

在威尼斯法国驻威尼斯使馆任秘书。

1749 年

为《百科全书》写了《伴奏》、《和弦》与《大合唱》等音乐词条。

10月,参加第戎科学院以《论科学与艺术的复兴是否有助于使风俗日趋纯朴?》为题的有奖征文竞赛;论文获奖,收到一枚价值三百利弗尔的金质奖章。

1750 年

年末,获奖论文一发表,立即"轰动九霄",并引起了一份持续一年多的大论战。

1754 年

6月,回到阔别二十六年的日内瓦;8月重新皈依新教,并恢复日内瓦公民身份。

1755 年

参加第戎科学院第二次有奖征文竞赛;征文题目是:《人与人之间不平等的起因是什么?这一现象是否为自然法所容许?》卢梭认为原题后一个提法不妥,将原题改为《论人与人之间不平等的起因和基础》,撰文应征,虽未获奖,但使他从此步入了哲学的殿堂,为人类学写了一部奠基作。

为《百科全书》第5卷撰写的词条《政治经济学》发表。

1758 年

发表《致达朗贝尔的信》,批驳达朗贝尔在《百科全书》第7卷发表的词条《日内瓦》。

1761 年

1月,卢梭的书信体小说《朱莉,或:新爱洛伊丝》出版,取得巨大成功。

1762 年

4月,《社会契约论》出版。

5月,《爱弥儿》出版。

6月3日,巴黎警察局奉命没收各书店门市及库存的《爱弥儿》。

6月7日,巴黎索尔邦神学院发表文告,谴责《爱弥儿》及其作者。

6月9日,巴黎高等法院下达逮捕令,缉拿《爱弥儿》的作者卢梭,卢梭得到友人的通风报信后,连夜出逃,从此开始长达八年的流亡生活。

6月14日,卢梭逃到伯尔尼治下的伊弗东,住在友人丹尼尔·罗干家。

6月19日,日内瓦下令焚烧《社会契约论》和《爱弥儿》,并下令逮捕卢梭。

7月1日,伯尔尼政府下令将卢梭逐出伯尔尼领土。

7月10日,卢梭逃到普鲁士王国治下的莫蒂埃村。

8月28日,巴黎大主教博蒙发表训谕,谴责《爱弥儿》及其作者。

1763 年

9月,日内瓦总检察长特农香匿名发表《乡间来信》谴责《社会契约论》和《爱弥儿》,并为日内瓦小议会发布的逮捕卢梭的命令进行辩护。

1764 年

12月,卢梭针锋相对地发表《山中来信》,驳斥特农香的《乡间来信》。

1765 年

9月6日,莫蒂埃的村民在当地的教士煽动下,趁夜深人静的时候向卢梭的住所投掷石头,要砸死这个"反基督者"。

9月12日,卢梭逃到圣皮埃尔岛。

10月16日,伯尔尼政府下令限卢梭二十四小时内离开圣皮埃尔岛和该共和国直接或间接管辖的领土,永远不许再回来,否则定予严惩。

1766 年

1月4日,在英国哲学家休谟的陪同下到达伦敦。

1767 年

6月,从英国潜回法国,化名"勒鲁",隐居在特里。

1770 年

6月,在孔迪亲王的疏通下,巴黎当局默许卢梭回到巴黎,但条件是:卢梭今后不得再乱写文章;如再乱发议论,将导致对他的旧案重提,执行1762年下达的逮捕令。

波兰巴尔联盟代表韦洛尔斯基伯爵拜访卢梭,请卢梭为波兰的政治改革提供建议。卢梭欣然应命,开始写《论波兰的治国之道》。

1771 年

4月,《论波兰的治国之道》撰写完毕,将誊清稿寄送韦洛尔斯基。

1778 年

7月2日,卢梭逝世于埃默农维尔。

1782 年

《论波兰的治国之道》首版问世。

波兰大事记

1733 年

波兰王位继承战争:法国、西班牙和撒丁王国支持斯坦尼斯拉斯·勒辛斯基为波兰国王;俄国、萨克森和奥地利支持奥古斯特三世为波兰国王。

1738 年

维也纳条约结束波兰王位继承战争;斯坦尼斯拉斯·勒辛斯基被罢黜,降为洛林公爵。

1764 年

俄皇叶卡捷琳娜二世指定的斯坦尼斯拉斯·波尼亚托斯基当选为波兰国王。

1768 年

2月,波兰巴尔联盟成立。

俄(罗斯)-土(耳其)战争爆发,战争一直持续到1774年。

1772 年

俄国、普鲁士和奥地利第一次瓜分波兰。

1793 年

俄国、普鲁士和奥地利第二次瓜分波兰。

1795 年

俄国、普鲁士和奥地利第三次瓜分波兰;波兰王国自此从欧洲地图上消失。

后　　记

1993年秋，我在巴黎买了伽里玛出版社"七星丛书"《卢梭全集》第三卷，内有《论波兰的治国之道》一文，因字体太小，我目力不济，没怎么看；后来在塞纳河边的一个小书摊上买了一本字体较大的单行本（弗拉玛尼翁出版社1990年版）。回国后，因忙于其他事情，直到今天——2013年才将此书译出，奉献于读者：从1993年秋买书到2013年夏译稿杀青，其间整整相隔了二十年！

在译书过程中，得到了许多友人的帮助，远在巴黎的洛克桑·阿萨纳女士（Mrre Roxane Ah‑Sane）对我的帮助尤多，在此全书译事告竣之际，谨志一言，对洛克桑女士表示衷心的谢意。

李平沤

2013年6月

图书在版编目(CIP)数据

论波兰的治国之道及波兰政府的改革方略/(法)卢梭(Rousseau, J.)著;李平沤译.—北京:商务印书馆,2014
ISBN 978-7-100-10259-9

Ⅰ.①论… Ⅱ.①卢…②李… Ⅲ.①国家—行政管理—研究—波兰 Ⅳ.①D751.3

中国版本图书馆CIP数据核字(2013)第201752号

所有权利保留。
未经许可,不得以任何方式使用。

论波兰的治国之道及
波兰政府的改革方略
〔法〕卢梭 著
李平沤 译

商 务 印 书 馆 出 版
(北京王府井大街36号 邮政编码100710)
商 务 印 书 馆 发 行
北京市艺辉印刷有限公司印刷
ISBN 978-7-100-10259-9

2014年7月第1版　　开本 850×1168　1/32
2014年7月北京第1次印刷　印张 $4^3/_8$
定价:15.00元